脚穿布鞋架天梯
火箭技术专家
任新民

石磊　主编

编委　王春河　刘登锐　张宏显　王文祥

北京出版集团
北京少年儿童出版社

图书在版编目（CIP）数据

脚穿布鞋架天梯：火箭技术专家任新民 / 石磊主编. 北京：北京少年儿童出版社，2025.4. --（中国航天见证者）. -- ISBN 978-7-5301-6800-4

Ⅰ．K826.16

中国国家版本馆CIP数据核字第20249596SE号

中国航天见证者
脚穿布鞋架天梯　火箭技术专家任新民
JIAO CHUAN BUXIE JIA TIANTI
HUOJIAN JISHU ZHUANJIA REN XINMIN
石磊　主编

*

北　京　出　版　集　团
北京少年儿童出版社 出版
（北京北三环中路6号）
邮政编码：100120

网　　址：www.bph.com.cn
北京少年儿童出版社发行
新　华　书　店　经　销
雅迪云印（天津）科技有限公司印刷

*

787毫米×1092毫米　16开本　9.75印张　98千字
2025年4月第1版　2025年4月第1次印刷
ISBN 978-7-5301-6800-4
定价：35.00元
如有印装质量问题，由本社负责调换
质量监督电话：010-58572171

目录
CONTENTS

1. 祖上移民到宁国…………003
2. 读书救国…………007
3. 坎坷求学…………011
4. 一波三折归家路…………017
5. 筹备哈军工…………024

6. 发展火箭技术的倡议者…………029
7. 结识钱学森…………033
8. 入选"最高级人员"…………038

- ⑨ 迎接"宝贝"……043
- ⑩ 仿制取"真经"……052
- ⑪ 试车台上创奇迹……059
- ⑫ 补丁打鬼……066
- ⑬ 没有"常胜将军"……071
- ⑭ 沙漠抓"元凶"……076
- ⑮ 大忙之年……084
- ⑯ "偏心"的"总总师"……091

- **17** 事必躬亲…………099
- **18** 惊心动魄 70 天…………107

- **19** 放眼世界荐飞船…………115
- **20** 老骥伏枥…………126
- **21** 初心不改…………132
- **22** 永远在一线…………140

链接索引 …………146
音频科普索引 …………148

任新民读小学的时候,其作文就特别出色,他的文章经常被老师当作范文,在学校广为传阅。

祖上移民到宁国

⬆ 任氏宗祠

湖北省谷城县任家湾是任新民祖上生活的地方。谷城，因神农氏在此尝植五谷而得名，在西周时称为谷国，现在隶属湖北省襄阳市。

任新民的爷爷任国霖本是农民，清同治年间，谷城大旱，粮食无收，饿殍遍地。灾荒中，任国霖的父母双亡，他只好背井离乡，四处讨饭，寻找生机。

一天，疲惫不堪的任国霖在讨饭途中听到有人闲聊，其中一人提到自己的家乡人少地多，水清田肥，只要肯吃苦，不愁没活路。任国霖急忙上前打听。其后，他一路辗转来到安徽省宁国县，成为清末"湖北东迁"移民的先行者。

宁国县地处安徽省东南部，东临浙江，西靠黄山，是皖南山区之咽喉，南北商旅通衢之要道。他乡无故人，任国霖一无所有，但他有一腔希望和一身气力。依靠硬朗的身板和勤奋的耕作，没过几年，任国霖就有了自家的小院落和几十亩地。40多岁时他娶了媳妇，49岁时喜得儿子，取名任海清。海清5岁时就被送进私塾读书，他很懂得父母的辛苦，刻苦习读，成绩非常优秀，长大后很有出息，担任了宁阳小学教师、校长，后来官至宁国县教育局局长和县银行行长。任家的日子一天天兴旺起来，任国霖急盼儿子早日成家。海清18岁时娶了一位贤淑妻子，便是任新民的母亲。

1915年12月5日，70多岁的任国霖如愿以偿，得了一个宝贝孙子传续任家香火。抱着刚出世的孙子，他欣喜若狂，思索着："给我的长孙起个什么名字好？"

按照任氏祖上排辈的取名规制，长孙属"大"字辈。"大道，我给这个孩子取名叫任大道，愿我们任家的大道前程似锦、富足安康！"

任海清夫妇欣然点头："好，好，听爷爷的，就叫大道！"

任海清一心望子成龙。大道还在摇篮里时，他就给儿子读古诗、讲故事。大道两三岁时，他就教儿子读书、识字。

大道三四岁时，牵着妈妈的手走在田埂上，他问妈妈："为什么爷爷岁数这么大了还下地种田？""为了你啊，你是爷爷的宝贝长孙，爷爷要让你长得健壮如牛。"妈妈笑着回答。于是，大道学牛叫了起来，爷爷乐得大声喊："等着爷爷回来抱啊！"

1919年的一天，大道妈妈要到邻居家借秤，任国霖拦住她，说："让大道去，都说3岁看大，7岁看老，我要看看这孩子长大以后会是什么样。"

就这样，爷爷叫来大道，让他去借秤。

大道懂事早，一听就明白，他飞快地跑出家门。

大道妈妈在门口不安地来回踱步。

爷爷便说："打出来的铁，炼出来的钢。孩子不磨炼怎么能成才？"

不一会儿，大道高兴地回来了，他喊道："爷爷，秤借来了！"大道穿着长袍，走路本来就磕磕绊绊的，加上家里的门槛太高，他一手拿着秤，一手抓着长袍衣角，不小心被高高的门槛绊倒了，秤也从手中飞了出去。小小的大道跌倒在地，妈妈心疼地刚要去搀扶，没想到爷爷马上起身阻止，并严肃地训斥道："小事做不好，大事也就干不好。"

大道愣愣地看着爷爷，他没哭，忍着疼痛掸掉衣服上的尘土，拾起地上的秤，含着眼泪把秤送到爷爷手上。

大道满4岁，父亲就把他送到宁阳小学上学。一来大道已经识字不少，二来大道生性活泼，父亲担心他沉溺玩耍而荒废了学业。

大道上小学时,父亲萌生了给他更改名字的想法。因《大学》里"大学之道,在明明德,在亲民,在止于至善"的训诂中有"大道作新民"的教诲,激励后人去垢显新,便想给大道更名为"新民"。但是按照习惯,长辈给起的名字是不能轻易更改的,父亲小心翼翼地向任国霖述说了自己的想法。没想到任国霖一听便允诺了:"'大道作新民',好啊,青出于蓝,而胜于蓝,新民将来一定有所作为啊!"从此,任大道更名为任新民。在籍贯一栏里,有了"任新民——安徽宁国人"的记载。

> **链接** 《大学》
>
> 《大学》原为《礼记》第四十二篇,秦汉之际的儒家作品,讲述的是修身治国平天下的思想。宋代程颢、程颐兄弟从《礼记》中把它抽出,与《论语》《孟子》《中庸》相配合。南宋朱熹又将它和《中庸》《论语》《孟子》合为"四书"。宋、元以后,《大学》成为学校官定的教科书和科举考试的必读书,对中国古代教育产生了极大的影响。

2 读书救国

任新民读小学的时候,其作文就特别出色,他的文章经常被老师当作范文,在学校广为传阅。

1928年,任新民进入宣城第四中学(简称"宣城四中")读书。宣城四中以培养品学兼优的学生而闻名在外。任新民的作文水平出色,引起了校长和语文教师杨师道先生的特别关注。杨先生经常称赞任新民有写作天赋,夸他的文章思路开阔、行文稳健、立意高远。

宣城四中的革命党人较多,先进思想和革命主张在同学和老师中逐渐传播,任新民到了宣城四中后也有所耳闻。从小就爱问为什么的任新民开始思索和探求,他问杨先生:"当今,封建王朝已经退出历史舞台,现在处于连年不断的军阀混战时期,到底谁是革命的?谁是真正为老百姓的?"

杨先生虽不是革命党人,但他思想进步,倾向革命。杨先生想了想,告诉任新民一句话:"古往今来,得民心者得天下。"

⬆《共产党宣言》　　　　　　⬆《新青年》创刊号

杨先生还要他"多看、多听、少说"。杨先生的启发式教育，使得本来就善于思考的任新民考虑问题时思路更加开阔，他还经常到杨先生家里学习。杨先生发现任新民不仅好学，还能结合《二十四史》《资治通鉴》等历史书籍思考和分析时局。暑假期间，杨先生把任新民带回自己的老家，让他体会农民的辛苦。在杨先生的推荐下，任新民的床头多了各种书籍：有鲁迅杂文、叶紫小说、殷夫诗集，还有苏联小说《母亲》《毁灭》《铁流》等。任新民经常如饥似渴地挑灯夜读。

1929年，中共地下党来到宣城发展和壮大党员队伍，准备组织农民武装起义。当时，任新民阅读了《共产党宣言》《国家与革命》《新青年》，他认为共产党才是救国救民的党，他决心跟随共产党，投身到革命中去。这年10月，不到14岁的任新民在两位同学和老乡的介绍下，加入了中国共产主义青年团。他们在中共地下党的组织领导下，秘密地宣传革命思想，组织并参加游行示威和街头演讲。

1930年11月下旬，芜湖的中共地下党组织庙（当地人念"冒"）埠一带的农民群众武装起义，但由于起义条件不成熟导致最终失败。国民党当局进行了疯狂的报复，残杀参与起义者数十人，还不断追查和起义有关的人员。杨先生因为思想一贯激进而被捕，国民党在搜查他的住处时，发现一封信中提到了任新民和另外3名学生的名字，不久这3名学生就被逮捕，后来他们虽获保释却被学校除名。任新民当时因患肺炎正在老家宁国县休养，因此躲过一劫。鉴于父亲任海清在宁国县的威望，国民党当局派人找到他，劝他管教好自己的儿子，姑且念任新民年少无知，此事就此罢休。任新民后来一直在学校读完初三，拿到了毕业证书。

任海清害怕国民党当局继续追查参与起义的人员，不敢让儿子继续读书，就让他去了距县城20多千米的一所十分僻静、安全的山区小学，当起了教书先生。

此时任新民的思想也发生了变化，他晚年回忆道："那时我们的确很幼稚，把革命想得过于简单，觉得革命就是喊一通口号，当'沉睡'的民众被喊醒了，就能站出来推翻反动政府，人民就可以得解放了。于是我们就到处喊口号。有时学校在举行篮球比赛，大家正看得津津有味，我们突然跳到桌子上大喊大叫，然后扔一把传单就跑到别处去了。球场上的人一下就散了，篮球比赛自然也打不下去了。那会儿，我们满脑子想的都是革命快成功了。这的确很幼稚，但我们是很真诚的。"从此，任新民为自己重新选择了一条人生之路——科技救国。

半年后，父亲看起义风波已经平静，便把任新民接回家中继续求学。但是经过起义运动，宣城四中已不敢接收他，任新民继续求学的希望随之破灭。

任新民怀着失望的心情离开母校，在校门口巧遇曾教过他的老师，老师热情地告诉他，一位曾在这里任教的先生现在被调到南京钟英中学当了教导主任，建议他可以去找找这位先生。

任新民抱着一丝希望赶赴南京，找到了从前的老师——钟英中学教导主任张先生，他诉说了自己求学的急切心情。张先生表示：大考已过，目前学校无法接收新生。任新民一再恳求张先生想想办法，张先生清楚地记得任新民在宣城四中时年年考第一，便说："那就留下来吧，先试读一段。如果试读成绩突出，我想学校定会考虑将你转为正式生的。"这样，任新民作为高中一年级试读生暂时留下。一个月后，由于他各科成绩均名列前茅，便转为正式生。

有了这段人生历练，任新民的性格、人生观发生了巨大的变化，他把因起义失败遇到的挫折埋在心底，一心只想好好读书，完成学业，将来掌握一技之长，为国家做些实实在在的事情。

3 坎坷求学

1934年夏,任新民出色地完成了3年高中学业,并以优异的成绩考取了位于南京的国立中央大学化学工程系,成为任家第一个大学生。

⬇ 1935年,任新民(右二)在国立中央大学与同学合影

然而，这并不是任新民的初心，他本来想学武器制造相关的专业，但是报考时失误了，阴错阳差地进入了化学工程系。

1937年7月7日"卢沟桥事变"爆发，当时的国民政府兵工署为了缓解兵器制造方面人才奇缺的状况，决定在中央兵工学校大学部招收全国各大学的二、三年级在校生进行插班学习。已上大三的任新民得知此消息时欣喜若狂，毅然报名。当时，国内的爱国青年对兵工学校非常向往，加上一切费用均由学校承担，毕业后能在各兵工厂或兵工署范围内分配，又有优选出国的机会，所以学生们踊跃报名，尽管学校录取名额仅40人，但报考人数多达2000人。中央兵工学校对学生的录取条件十分严格，重质量不重数量，这次的录取比例为50∶1。最终任新民以优异的成绩被中央兵工学校大学部造兵系录取，学习枪炮设计、制造与使用。

当年"选错"专业的遗憾得以弥补，任新民在进入大学3年后如愿以偿地改学了他喜爱的专业，这为他后来结缘新中国的导弹和火箭研制埋下了伏笔。

这时的中央兵工学校已迁至重庆杨安桥，学校隶属军政部兵工署，学员都是军人。这里的教学和训练非常严格，学校注重理论联系实际，特别是兵工署第二十一工厂就在学校附近，校方经常组织学员到该兵工厂实习。任新民在中央兵工学校的学习非常专注，紧张的学习生活和浓厚的抗日氛围，让他将前一阵子的迷惘和失落抛到了九霄云外。为中国人造枪炮，赶走日本侵略者的信念在他的心中愈加坚定。

3年紧张的学习生活如白驹过隙。1940年夏，任新民从中

⬆ 兵工署第二十一工厂出入证章　　⬆ 兵工署第二十一工厂制造的武器

央兵工学校大学部造兵系毕业，他的大学生涯整整花了6年，无论是基础理论知识，还是专业知识，都学得非常扎实。毕业后他留校当了助教，后提升为讲师，还兼任兵工署第二十一工厂的技术员。

1944年，由于任新民在中央兵工学校和兵工署第二十一工厂工作得很努力、很出色，他获得了一个千载难逢的好机会——被选送到美国辛辛那提磨床铣床厂实习。在那里，他可以开阔眼界、接触新科技，这距离他科技救国的梦想无疑又近了一步。

1945年5月24日下午，任新民要搭乘飞机飞往印度，再转邮轮赴美国实习。也就是在这一天，妻子虞霜琴给他生了一个胖儿子。任新民望着产床上的妻子和刚出生的儿子，内心十分纠结。他对妻子说："走还是不走，我听你一句话。"妻子毫不犹豫地说："我

← 任新民和虞霜琴的订婚照

就这么没出息,连自己的儿子也养不活了?你就放心走吧!"

1945年6月,任新民到达美国,在辛辛那提磨床铣床厂实习。实习工厂位于美国东部,在当时乃至现在仍颇有名气。通过几个月的实习,任新民耳闻目睹、亲手操作,加之认真细心,他在设计、工艺、生产、管理、经营等各方面都有了宝贵的收获。任新民深深感到在美国大有可学,强烈的求知欲使他产生了在美国攻读学位、继续深造的念头。在和虞霜琴商量后,他考取了密歇根州立大学机械工程硕士研究生。

密歇根州立大学是美国历史最悠久的公立大学之一,在世界范围内享有盛誉,坐落在密歇根州的一个美丽而宁静的小城安娜堡。这里绿树成荫、环境优雅,是读书和钻研学问的好地方。任新民无暇他顾,一心投入到学业之中,就连英语水平也提高得很快,没几个月他就能比较流利地和美国人交谈，他的基础课成绩门门都是 A 级。

由于研究生的奖学金只提供 1 年，任新民不得不靠打工维持生活和负担学费。他在餐馆洗盘子、削土豆，为附近居民搞搬运、除草、摘水果、烤面包……2 年后，任新民取得机械工程硕士学位，他又想攻读博士，虞霜琴选择继续支持他的决定。

任新民深知在美国的时间宝贵，他以最大的毅力不让自己分心，但他何尝不思念大洋彼岸的父母妻儿？这期间夫妻两地相思，全靠鸿雁传书。在艰难的生活中能收到丈夫的来信，对虞霜琴来

⬅ 1948 年，在美国留学时的任新民

任新民的同学提起他都赞不绝口："任新民在学业上真是到了痴迷的程度。除了打工外，他把课余时间几乎全都用来学习和钻研功课。"

说是最大的宽慰。而虞霜琴对任新民则是报喜不报忧，家里的难事她一人坚强地扛着，不让丈夫有一丝后顾之忧。

然而天有不测风云，人有旦夕祸福，1947年是任家的多灾之年。春天，任新民的父亲任海清因患肺病去世，年仅49岁。夏天，宁国县又闹流行性脑膜炎，无情地夺走了虞霜琴的精神支柱——她心爱的儿子。虞霜琴哭得死去活来，大病了一场。她真想痛痛快快地给任新民写封长信，诉说家中不幸的遭遇和自己的悲伤。但是这位豁达刚强的女性终于还是挺过来了，考虑到丈夫的学业，她向任新民隐瞒了家中的不幸。

患难夫妻相互鼓励、共渡难关，终于苦尽甘来。

1948年9月，任新民获得工程力学博士学位，美国纽约州研究密集型大学布法罗大学第一次聘任了一位年轻的中国讲师，他就是任新民，自此他有了相对稳定的工作和收入。

4 一波三折归家路

"梁园虽好,不是我家",优越的工作环境和生活条件却留不住胸怀拳拳报国之心的任新民。

1949年上半年,任新民得知新中国即将成立,顿觉报效祖国的时机已经到来。再加上后来获悉爱子染病夭折,妻子情绪低落,

◀ 任新民(左)与留美同学合影

⬆ 任新民回国前在美国校园里留影

任新民也很是担忧。于是他便毫不犹豫地辞去了布法罗大学的职务,没等研究课题结束就登上了回国的邮轮。

可是他没有想到,由于战乱的影响,他的归家之路竟是那么漫长。

1949 年 6 月 21 日,上海吴淞口码头分外拥挤,行人络绎不绝,一艘悬挂米字旗的邮轮远远地向岸边驶来，船身起伏晃动，甲板上的人影已隐约可见。有人高喊着："来了，来了！"人们不约而同地向邮轮望去，有的欢呼跳跃，有的招手致意，有的挥舞帽子。虞霜琴也挤在人群中，她激动地望着那艘由远及近的邮轮，双眼快速地搜索着甲板上有没有自己熟悉的那个身影。

突然，岸上响起了刺耳的警报声，没等人们反应过来，几架国民党战机从空中呼啸而来，扔下了一颗颗炸弹。伴随一声声巨响、一道道火光，水柱四起，快靠岸的邮轮被浓烟团团包围。码头上等候的人群一下子混乱不堪，大家你拥我挤，乱成一团。虞霜琴夹在人群里被挤得喘不过气来，她踮起脚、伸长脖子，拼命向海上眺望，但邮轮却看不见了。旁边有人说邮轮返航了，也有人说邮轮被炸沉了。虞霜琴的脑袋"轰"的一声响，她拨开人群，赶紧往港务局跑去，她想问个究竟。

港务局的工作人员告诉她："你查的那艘邮轮返回香港了。"虞霜琴这才松了一口气，丈夫总算有惊无险。

任新民滞留在香港，一连十几天都没有收到返回的消息。二十几天过去，仍杳无信息。在香港举目无亲的任新民猛地想起一位美国同学有个在香港经商的亲戚，于是通过同学找到了他。几天后，这位亲戚带来了好消息，有一条走私船可以带他到天津。任新民回家心切，便搭这条船从香港绕道韩国仁川，再到天津。1949年8月2日，任新民终于抵达天津。

虽然没有亲人迎接，但毕竟已回到祖国。他辗转到了北京，因急着回家，没待几天便赶紧坐上从北京开往上海的火车。然而不巧的是，妻子虞霜琴和家人此时已返回老家宁国县。

解放初的上海是人才聚集地，归国的侨胞、学子往往先在上海小住。刚刚解放的新中国急需人才，各地来上海招聘的单位比比皆是。任新民到了上海，适逢华东军事政治大学前来招募科技人员。碰巧的是前来招募的人是曾任中央兵工学校弹道研究所所长的张述祖，他对任新民这位高才生有极好的印象。在他的极力争取下，任新民答应加盟华东军事政治大学。

"人才！人才！"张述祖高兴得合不拢嘴。

正式报到定在1949年9月下旬，任新民特意请了假，先回老家探亲。

任新民回到家中，本想家人团聚，却一眼看到父亲的遗像挂在中堂，不禁失声痛哭。他跪在父亲的遗像前痛不欲生，原来2年前妻子怕影响他的学习，并没有告诉他父亲去世的消息。

正当任新民和家人久别重逢，悲喜交加之时，家门突然被推开，当地的公安人员破门而入，逮捕了任新民，理由是：怀疑他是美国派来的特务！

此时，宁国县刚解放不久，人们阶级斗争的弦绷得很紧，县公安局保持高度警惕，当得知任新民是从美国回来的，便派人登门抓捕。县公安局审来审去，由于找不到任新民是特务的蛛丝马迹，只能以取保候审的方式放任新民回家，把他严格看管起来。

任新民的妻子虞霜琴有一股闯劲儿，她跑到南京，找到了华东军事政治大学负责筹建研究室的政委胡翔九。胡翔九得知此事后十分惊讶，随即以华东军区军事科学研究室的名义给宁国县公

↑ 华东军事政治大学成立后的纪念章

安局发了电报，证明任新民的身份和工作单位。但是，县公安局认为电报不足为凭。忙乱中，任新民看到《解放日报》上登载的华东军事政治大学录用人员名单，里面清清楚楚地写有他的名字。直至此时，县公安局才相信了，任新民终于洗脱了特务的嫌疑。

1949年上半年,任新民登上了回国的邮轮。
但他没有想到,由于战乱的影响,他的归家之路竟是那么漫长。

5 筹备哈军工

1949年9月，华东军区军事科学研究室聚集了一大批留德、留法和留美的学者，他们很快开始了研究工作。从此任新民穿上军装，成为中国人民解放军的一员，将满腔的爱国热情投入到国防建设事业中。

1949年底，华东人民解放军奉命解放浙江舟山群岛，而国民党军队在岛上设置了重重障碍，埋下了大量地雷，企图负隅顽抗，阻止解放军登岛。华东军区军事科学研究室的专家们商议破敌之策，经过多方案比较，最终确定应用"火箭"扫雷。方案获批后，任新民参加了该任务的研制工作。

转眼到了1952年。抗美援朝战争爆发后，苏联曾向中共中央建议：中国应该建立一所综合性的军事工程学院，专门培养高级军事技术人才，以适应现代化战争的需要。

中央接受了这个建议，将建立军事工程学院的工作纳入了解放军总参谋部的重点计划。关于学院院长的人选，几番酝酿，选定了陈赓。

陈赓身经百战,善于治军,特别是曾经主持过军政学校,有办学的经验。更重要的是,他是我军唯一在越南同法军、在朝鲜同美军都交过手的高级指挥员,对现代化战争的特点和技术装备的重要性有深刻的体会。在朝鲜战场上,最令他感到心情沉重的是:对付敌人的飞机、大炮时,我军只能挖坑道躲起来;而由于我军部队既缺乏现代化装备,又缺乏文化素质高、精通军事科技的人才,许多本可以歼敌大胜的战斗却眼睁睁地看着敌人逃掉。

军事工程学院是一所综合性工科大学,中央军委从全军挑选了业务素质最好的第二高级步兵学校作为基础,但是该校缺少教授,特别是精通军事技术的专家;恰好华东军区军事科学研究室里集中了一大批高级知识分子,有40多位是兵工系统的专家和教授。于是,这两股力量便成为建校的先头部队,校址定在哈尔滨,校名定为中国人民解放军军事工程学院,也称哈尔滨军事工程学院,简称"哈军工"。

1952年8月,华东军区军事科学研究室奉中央军委命令北上,筹备哈军工的工作紧锣密鼓地展开了。

1952年9月1日,哈军工筹备委员会成立,陈赓为主任委员,任新民被任命为筹备委员会成员,办公地点在北京地安门恭俭胡同59号。

作为筹备委员会成员,任新民主要负责解决师资问题,工作内容包括:了解全国各大学和有关科研机构的科技人员情况,为

⬆ 20世纪50年代，任新民（左一）和同事在哈军工留影

任新民回忆起当时的情景，说："那时，我在华东军区军事科学研究室担任研究员。突然有一天，一封电报通知我去北京。到了北京，陈赓将军接见了我，他希望我参与筹建哈军工的工作。当时我从美国回国不到3年，这让我感到很意外。于是，我留在北京参加了建院的筹备工作。"

领导选择教师提供参考意见；对领导已确定的调入人员，负责联系、落实和协助办理手续。

这是一项细致、严谨而又十分复杂、艰巨的工作。首先，被选中的人员必须是能胜任该工作的科技人才，而这类人员往往也是其所在单位不可缺少、不愿放走的骨干。即使有些单位迫于上级压力而放人，还有本人由于各种原因不能来的情况，比如哈尔滨天寒地冻，南方学者往往不愿意来。对于同意来的人，还要确保其没有后顾之忧，包括解决其家属的人事调动、安排等问题。

任新民等人凭借同窗、挚友等关系，亲自登门劝说，甚至到了四处求人的程度，但是人事调动工作仍然进展不快，处处受阻。比如在调动中科院力学所的罗时钧和庄逢甘两位博士时，就遇到了很大的阻力。罗时钧和庄逢甘是钱学森当年在美国时的学生和同事，学问一流，任新民等人前去其所在单位商调，根本不被理会。陈赓院长得知后对任新民说："你替我给那位处长打电话，就说我陈赓明天去拜访他。"

"电话能这么打吗？不敢，不敢！"任新民有些嗫嚅。

"你就这么打，照我说的，没问题！"

任新民真的就这么给中科院打了电话。没想到中科院人事负责人一听到陈赓的名字，口气立即变了，答应马上向上级汇报。第二天，中科院打来电话，表示同意调动。

任新民十分感慨，原来中科院得知，陈赓是拿了周总理的"令箭"的。

对于看中的人才，陈赓院长会"软硬兼施、苦口婆心"。有了总理批示的，他会更有说辞："总理都批了，你还不放人！"但事后他还是对任新民等人反复叮嘱："我们求贤若渴，是求人家，要心平气和地做工作，切不可拿着'尚方宝剑'压人。"

在陈赓的言传身教和组织指挥下，任新民出色地完成了荐人举才、选调教授和教学骨干的工作。陈赓将军睿智的工作方法和不懈的拼搏精神，也对任新民产生了深远的影响，甚至使他一辈子都受益匪浅，那就是"要干的事就非要做成不可"。这种精神在任新民日后为航天事业的奋斗中处处可见。

6 发展火箭技术的倡议者

1953年9月1日,哈军工正式成立,学校设立了科学教育部,设置了高等数学、普通物理、普通化学、投影几何、电工原理、理论力学、机械原理及机械零件、材料力学、金属工艺、机械工艺等10门基础课。从上海交通大学教务长岗位调入哈军工的曹鹤荪教授被任命为教务处处长,任新民为教务处副处长。

当学校工作逐渐步入正轨后,1955年,任新民被任命为哈军工炮兵工程系副主任兼火箭武器教研室主任,授予上校军衔。

任新民不仅把教育工作做得井井有条,还亲自编写了《火箭武器》的讲义,给学员讲课。那时候中央领导就曾问他:"中国能不能搞出导弹?"任新民在搜集和研究了国外有关火箭与导弹武器的大量技术资料后,根据1949年末解放浙江舟山群岛时曾研制过水平发射火箭的经验,开始考虑我国的火箭和导弹武器的发展问题。

任新民后来回忆说:"那时候还不叫导弹,只是有这个想

⬆ 哈军工开学大典

法，因为当时我们了解到德国人有 V-2 火箭，其他的国家也有些低空弹，所以建议中央也应该发展这个东西。实际上，那个时候我们懂的也不多。"

国家领导人对发展我国核武器和火箭导弹的重视，人民群众高涨的爱国主义热情，让哈军工的专家们全力以赴地投入研究。任新民在研究有关火箭和导弹武器方面的资料时，逐渐有了自己的想法。在他的带领和支持下，同行周曼殊和金家骏等教员开始了我国研制火箭、导弹的技术可行性研究。他们三人首先详细了解了德、美、苏等国研制火箭、导弹武器的必要性、可行性和实现途径等。在进行反复论证之后,他们提出了我国应加速发展火箭与导弹武器的建议,并对如何发展提出了较具体的建议。1955年上半年,他们完成了《对我国研制火箭武器和发展火箭技术的

↑ 哈军工炮兵工程系的学员在学习火箭炮的构造和性能

链接　　　　　火箭

　　火箭是指自身携带燃料(燃烧剂和氧化剂),不依靠大气中的氧气燃烧喷射工质产生的反作用力推进的运载工具。最初的火箭指的是头部装有炸药但没有控制系统、飞行距离较远的武器,后来把头部装有炸药且能控制飞行的火箭称为导弹。运载火箭则专指发射卫星等航天器的运载工具。

建议》上报稿，提请有关领导与专家提出补充、修改意见。几经易稿，这份建议于年底由哈军工转报中央军委。

《对我国研制火箭武器和发展火箭技术的建议》得到中共中央、中央军委的高度重视，中央军委主持日常工作的彭德怀元帅告诉陈赓：你们哈军工的任新民等3位教授的建议书我看过，并已经批给总参谋长黄克诚大将和总参谋部装备计划部部长万毅阅办，还要万毅亲自去征询刚回国的钱学森的意见。

1956年1月20日，彭德怀主持召开了中央军委扩大会议，专门研究讨论了这份建议书，这是我国国家和军队领导人第一次讨论关于火箭与导弹武器的问题。

很多人可能知道，1956年2月，钱学森提出了《建立我国国防航空工业意见书》，应该说在这之前已有任新民等3人的建议书做了铺垫，无疑它对国家决定发展火箭和导弹事业起到了积极的推动作用。

7 结识钱学森

从美国历经艰险返回祖国的科学家钱学森，回国后就去考察东北工业基地。1956年11月25日上午，他来到哈军工参观。时任解放军副总参谋长兼哈军工院长的陈赓大将，特意起了个大早坐专机从北京赶到哈尔滨迎接钱学森。

陈赓陪同钱学森一起参观了学校的礼堂、操场、实验室，从空军工程系、海军工程系到炮兵工程系，钱学森看了个够。陈赓风趣地说："我们学院敞开大门欢迎钱学森先生。对于钱先生来说，我们没有什么要保密的，那些严格的保密规定，无非是针对美国人的，不能让他们知道我们的底细。"

钱学森站在操场上环顾四周，惊叹地说："太气派了，这样大的校园，在美国也不多见。"

在炮兵工程系大楼外的一个小火箭试验台前，钱学森停了下来，这是一个简陋的固体推进剂火箭试验装置，在这里他第一次见到了炮兵工程系副主任兼火箭武器教研室主任任新民。任新民

⬆ 陈赓（右）任哈军工院长

　　陈赓是中国工农红军及中国人民解放军主要领导人之一。他早年加入中国共产党，此后进入黄埔军校第一期，随后参加东征。之后赴苏联学习，回国后参加南昌起义、万里长征、抗日战争、解放战争，为人民的解放事业立下汗马功劳。1950年，陈赓参加援越抗法战争。1951年，他担任中国人民志愿军副司令员，参与指挥抗美援朝战争。回国后，陈赓担任人民解放军副总参谋长、国防部副部长等职务。1955年，陈赓被授予大将军衔。

指着一个10米多高的铁架子说："不怕钱先生笑话，我们做火箭发动机比冲试验的方法很原始，用火箭弹测相关曲线，这是笨办法。"钱学森真诚地说："不容易！你们的研究已有相当的深度，尽管条件有限，已经干起来了嘛！迈出这一步，实在出乎我的意料！"在这里，钱学森很有兴趣地和任新民讨论了起来。任新民伺机拿出一份美国空军的训练教材,就固体推进剂的配方问题与钱学森进行探讨,这正是钱学森的专长,两人谈得很是投机。钱学森对哈军工的副院长徐立行说:"任教授是你们的火箭专家,我今天有幸认识了他。"徐立行说:"任教授不久前向国防部提出了研制火箭的建议,他在华东军区军事科学研究室时就开始搞火箭的研究工作。"

钱学森临走时和任新民紧紧握手,他颇有感触地说:"我们一见如故,希望不久我们能再见面,深入讨论一些问题。"

钱学森在炮兵工程系参观时还发生了两件事。一件是参观炮兵射击训练的模拟装置时,现场教员介绍说:"在目前的教学中,修正炮弹落点偏差依据的是苏联教材中提到的正态分布理论。"

⬆ 海军工程系水面舰艇专业的学员正在做实验

钱学森提醒道:"请你们注意研究第二次世界大战(简称"二战")中德国V-2火箭袭击伦敦时的落点散布情况。"经钱学森一点拨,炮兵工程系的教员开始注意研究西方国家涉及此理论方面的研究成果,使哈军工在这一领域的学术水平大为提高。另一件是,在固体火箭试车台前,钱学森和正在进行安装的教员讨论时,针对试验装置的欠妥之处谈了自己的看法。教员说,这是苏联专家的意见,不能改动。钱学森则不以为然,摇了摇头。他的这些微小举动,被细心的任新民看在眼里,记在心上。

夜幕下的哈尔滨,灯光旖旎。陈赓把哈军工的院系领导和教授张述祖,以及钱学森熟悉的教员周明鸂、梁守槃、马明德、任新民、卢庆骏、庄逢甘和罗时钧都叫来,一起宴请钱学森。陈赓暗想,白天还有很多话没来得及讲,这顿饭,一定要吃出点儿名堂来!

其实,陈赓从北京飞来还有一项秘密使命,国防部部长彭德怀托他探探钱学森的"底":一是看他能不能在尖端武器方面为国效力;二是问问他新中国的这点儿基础能否研制出尖端武器。

席间,机敏的陈赓借着向钱学森请教火箭知识,三两句就将话题转到火箭上来,引得钱学森谈兴甚浓。他在介绍了二战后美、英、法等国家的陆军、海军、空军都已经逐步采用各种导弹作为军队装备后,说:"为了中国国防建设的需要,我国应立即开展火箭和导弹的研制工作,在较短的时间内使我国的喷气技术和火箭技术走上独立发展的道路,接近世界先进技术水平。"钱学森称赞了哈军工的建设速度以及在科研中所取得的成绩,多次强调我们中国人不比美国人笨。他看看坐在对面的任新民,问道:"任教授，您说是不是啊？"任新民点点头，若有所思。

钱学森在1997年回忆及此，曾这样详述："吃完饭以后，陈赓大将就问我，中国人搞导弹行不行。我那个时候正憋着一肚子气呢！所以，我回答得很干脆，我说，外国人能搞的难道中国人就不能搞？中国人比他们矮一截？陈赓大将听了以后非常高兴，说好极了，就要你这句话！那么，可见在他心里头，这件事情已经想了很久了。"

经过振奋人心的探讨，这次晚宴成为中国研制导弹的序曲。钱学森和任新民较系统地交流了对火箭和导弹技术的见解，他俩越说越投机，彼此留下了深刻的印象。

8 入选"最高级人员"

1956年,对那一代科技工作者来说,是一个极其特殊的年份。年初,中央在全国范围内发出了向科学进军的号召:迅速壮大科学技术力量,为发展科学研究准备一切必要的条件,力争在某些重要和急需的科学技术领域接近或赶上世界先进水平。这样的使命感染着每一位科技工作者。

这一年的除夕夜,中国人第一次用联欢会的方式庆祝春节。回到祖国才3个月的钱学森以空气动力学家的身份出现在公众视野中,这是44岁的钱学森在新中国度过的第一个新春佳节。

当时人们不知道的是,一项神秘而伟大的事业正在酝酿之中——搜罗全国"最高级人员"。钱学森曾回忆说,他第一次受到毛主席接见时,毛主席说得最多的就是新中国的建设事业需要大量的科技人才,希望他多多培养年轻人。

1956年2月17日,钱学森向中央呈递《建立我国国防航空工业意见书》(以下简称《意见书》),提出了我国火箭与导弹事业的组织草案、发展计划和具体实施步骤,其中以近乎一半的篇幅勾画了建设研制队伍的设想。在《意见书》中,他列出了一个最急需的19名"最高级人员"名单,里面有他在美国时的学生,也有他归国后见到的一些著名科学家,还有在东北考察时结交的科技精英,都是他根据研制火箭与导弹所需要的专业人才挑选出来的,其中在火箭技术方面,任新民被钱学森"钦点",榜上有名。

1956年5月,钟夫翔、钱学森开始筹建导弹研究院(即国防部第五研究院,简称"国防部五院")。8月,任新民就奉命从哈尔滨调到北京,参加导弹研究院的筹建工作。中央军委批准将总

⬆ 国防部五院的旧址

参某部北京106疗养院、124疗养院和北京军区空军466医院腾给导弹研究院做办公用房。任新民报到时，筹建单位再三请他住招待所，可这位憨厚朴实、满腔热情、一心追求事业的任教授，表示在自己的办公室里安张床就可以了，他的理由很简单：现在天气不冷也不热，住在办公室里更便于工作和学习。就这样，他在北京阜成门外马神庙106疗养院的一间整修后的办公室兼宿舍里安顿下来，开始了他60年的航天生涯。在这所由疗养院改建的航天大院里，任新民从41岁一直住到了102岁。

任新民是只身一人来的北京，在冰城哈尔滨的家中，有他年逾花甲的母亲、岳母，还有妻子和4个未成年的子女，最小的才刚过满月。他对家人感到很愧疚，因为自己不是一个合格的儿子、女婿、丈夫和父亲，没有尽到应尽的责任。

万事开头难，和筹建哈军工一样，最大的难题是选调科技人才，这次任新民被调来又是负责这项工作。选调有真才实学的科技人员在20世纪50年代是项非常棘手的工作，困难和矛盾重重：专业是否对口，被调单位是否同意，本人是否同意，本人政治条件是否符合，等等。任新民本着公心，实事求是地向领导提出自己的建议。

当时正是国民经济建设第一个五年计划期间，每个部门都求贤若渴，有能力有技术的专家、教授更是单位的宝贝。就拿哈军工来说，副院长刘居英在欢送任新民的宴会上半开玩笑地说："老任啊，组织调你走，我们没办法留。哈军工的技术人员你是很熟悉的，也是你曾经选调过来的，你可要嘴下留人啊！"任新民知道这个玩笑的分量，只好微笑点头。

任新民按照领导的要求，不遗余力地做好有关单位和被调人员的工作，取得了丰硕的成果，很快就从全国各地选调了30多位科技专家，还从大学里挑选了156名各有关专业的优秀应届毕业生，其中多数来自北京航空学院（今北京航空航天大学）、上海交通大学，也有的来自北京大学、清华大学。这支新老结合的队伍是中国航天事业的开拓者，是最早发展导弹技术的骨干，他们开始了中国航天创建发展的光辉历程。

1956年10月8日，开始了中国航天事业的新纪元。这一天，晴空日丽、蓝天如洗。我国第一个导弹研究机构——国防部五院成立大会悄然举行，中国的航天事业起步了。

成立大会在北京军区空军466医院的食堂里举行。会场简单朴素，正前方的小土台上摆着一张旧三屉桌和几把旧靠背椅，台下左右两边摆着一排排仅有巴掌宽的粗糙长条木凳。参加会议的有200人左右，包括30多位专家和技术人员，北京有关大学的代表，几十名从部队调来的官兵，另外100多人是大专院校刚毕业的大学生。外人可能无法想象，中华民族惊天动地的伟大事业——导弹研制，竟然是在这样简陋、寒酸的地方迈开了具有历史意义的第一步。

任新民怀着激动的心情参加了成立大会，他全神贯注地聆听主管国防科技工业的聂荣臻元帅慷慨激昂且刚劲坚毅的讲话，聆听院长钱学森关于研究院使命的阐述，他亢奋不已、备受鼓舞。

从此，他成为中国的导弹和航天事业的重要开创者之一，他的生活与命运一直和中国的航天事业紧密地联系在一起,他的名字和新中国航天史上许多个"第一"写在了一起。

⬆ 任新民(前排左二)在东欧考察

任新民时常慷慨地说:"是我的机遇好,我若在哈军工一直干下去,可能做个教授就到头了,恐怕接触不到航天技术。所以不要宣传我这个人如何厉害。因为国家领导重视,全国八方支援,不论把谁拉到总设计师的这个位置上,都能搞出成果来。国家给我提供了舞台,我才能演这出戏,如果说我有所成就,并不能说我这个人有什么特殊本事,我只是比较认真而已。"

9 迎接"宝贝"

国防部五院成立后,迅速组建了 10 个研究室,为了保密,一室至五室是空号,从六室开始排序。任新民是六室(总设计师室)主任。

这 10 个研究室无疑是按钱学森的意见设置的,有如下几个特点:一是设置了总设计师室,而且把它排在首位,这就是日后钱学森极其重视的总体部;二是设置了空气动力研究室,排在第二位,这充分体现了钱学森关于空气动力研究是航空产品"先行官"的思想;三是设置了推进剂研究室,而且当时钱学森提出,不仅要研究液体推进剂,还要开始固体推

⬆ 在国防部五院时,身着戎装的任新民

⬆ 当年的学员乘坐"专车"去听导弹课

进剂的研究,为火箭和导弹固体化铺路。由任新民担任总设计师室的主任,充分证明了他的学识能力和钱学森对他的信任。

为了使年轻的中国导弹科技队伍能尽早地了解导弹技术知识,院长钱学森亲笔撰写扫盲教材《导弹概论》,开办了导弹技术培训班,采用能者为师、互教互学、边讲课边讨论的方法,全体人员掀起了如饥如渴学习专业知识的高潮。1956年10月10日,由钱学森带头,先后讲授了"导弹概论""导弹制导原理""电子计算机"等课程,任新民、梁守槃、庄逢甘、朱正等从哈军工调来的教授、副教授也披挂上阵,讲授了各自擅长和熟悉的与导弹技术有关的专业课程。

任新民讲授"火箭武器",他以严肃认真的态度查阅资料、认真备课、编写教案,课程受到听课者的一致好评。他不仅备课认真、授课严谨,更值得称颂的是,他听别人的课时也全神贯注,像学生一样认真做笔记。后来,做笔记的习惯成为他工作和治学的一大特点。几十年来,无论是参加航天型号调度会、技术方案讨论会,还是听取汇报和情况介绍,他总是一丝不苟地做笔记。

1956年12月,任新民接受了一项紧急任务,苏联援助的两枚P-1近程弹道导弹(简称"P-1导弹")及其配套设备即将运往中国,同时有13名苏联专家同车抵达。上级责成任新民带队乘专列前往满洲里,接收苏制装备,迎接苏联专家。这可都是国防部五院急需的"宝贝"啊。

时值北国的隆冬季节,白天的气温是零下30摄氏度,入夜则跌到零下40摄氏度,一出门,寒风像刀子一样"割"在脸上。任新民戴着一副近视眼镜,每次从外面跨进屋里,镜片上都结了一层白霜,什么都看不见。但他使命在身,责任在肩,接收导弹的任务来不得半点儿马虎。为了迎接"宝贝"

链接　P-1导弹

这是苏联仿德国V-2火箭制造的单级液体导弹,全长13米,重13吨,箭体直径1.65米,采用了液体火箭发动机,飞行高度可以达到96千米,飞行距离超过了300千米。苏联援助我国的这两枚P-1导弹在完成了供国防部五院仿制的历史使命后,又派上了新用场——解剖弹于1958年运往哈军工作为展示教育弹;另一枚经过拆装的P-1导弹于同年夏运到北京航空学院,继续为我国培养新一代导弹与航天科技人才发挥作用。

⬆ 1956年11月29日，任新民（前排右二）在苏联援助的导弹交接仪式上签字

的到来，任新民顾不得天寒地冻，带领大家在车站一丝不苟地勘查现场，做好警戒和接货的准备工作。

等啊，盼啊，装载着苏联"宝贝"的专列终于驶进了位于中苏边境的满洲里车站。由于苏联的铁轨宽度和我国的不一样，因此需要在满洲里车站将导弹卸载并装运到我国的火车上，再向内地运输。为了保密，导弹的装卸工作只能在晚上进行。任新民不仅亲自指挥，还当起了搬运工，加入到装卸导弹的行列。虽然那时他只有40多岁，可毕竟不是年轻的小伙子。在零下40摄氏度

> **链接 导弹的反设计**
>
> 导弹的反设计是指把导弹拆卸后，按照实物画出结构、动力、控制、电路、装药等系统的设计图纸，标记弹体布局、电路走向、各系统关系，并计算出各种数据，然后按照图纸把拆卸的实物重新装好，以检验图纸正确与否。

的寒冷深夜，大家打着手势，低声工作。由于手势只有相互临近的人才能看到，在夜幕中，手势所传达的信息就像接力棒一样传递着。狂风呼啸，大家的下巴冻僵，睫毛结霜，任新民和大家一起深一脚浅一脚地干着。想着临行时领导和同志们的嘱托，他心里热乎乎的，全身有使不完的劲儿。经过一夜的奋斗，终于把两枚 P-1 导弹及其配件、备件等如数装运到我国的火车上，并如期顺利运抵北京。

1956 年 12 月 29 日，中苏双方在北京举行了两枚导弹的交接验收仪式，任新民作为中方代表在交接协议上签了字。

至此，中国有了两枚导弹，其中一枚是供教学用的解剖弹，另一枚是完整的可供拆装、可加注推进剂、可进行点火发射的真导弹。总设计师室承担了拆装、测绘和有关的反设计练兵工作。

任新民作为室主任，组织有关科技人员迅速开展了工作。

导弹拆卸工作是以熟悉工厂加工工艺的结构组成员徐兰如为主，测绘工作以主管设计的谢光选为主，并且从空军请了两位机械师来帮助。任新民和大家一起研究制定了拆卸的程序，明确先拆哪个部件，后拆哪个部件，拆下的部段、部件、零组件放在什么地方。此外，还为部段做好了存放的支架，为小零件准备了包装的纸袋，装好后要写明件数、编号。螺钉、螺帽、垫圈卸下后会成套拧在一起，再装入纸袋。拆卸重要的部位时，由机械师先试拆，简单的部件则由结构组人员轮流干。他们小心谨慎、有条不紊，工作做得一丝不苟，一共用了10天时间，终于把一枚完整的P-1导弹"大卸八块"。

紧接着由各专业组分别对有关组件进行测绘、测试。结构组在拆卸场对大部段测绘，并绘制成草图；控制系统组将仪器、仪表、器件和电缆网拿回办公室进行测试、绘图；全套发动机交给发动机组进一步拆卸，按组件指定负责人，将大大小小的活门、减压器等逐个拆开，然后拿回办公室测绘。

经过半年紧张有序的工作，任新民带领大家出色地完成了测绘任务，重新装配导弹时，零组件一个不少，除一根约2米长的细空气导管断裂外，其他零组件都没有损伤。任新民他们最后用吸尘器将导弹内部清理得干干净净，又用细布将外表面擦拭一遍，一枚完完整整、干干净净、油光锃亮的P-1导弹又呈现在库房中。

任新民和同事们本来打算乘胜追击，深入开展仿制P-1导弹的工作，但后来形势发生了变化，国防部五院又拿到了性能更先

⬆ P-2 导弹是苏联在"二战"的战利品——德国 V-2 火箭的基础上仿制的

进的 P-2 近程弹道导弹（简称"P-2 导弹"），因而仿制 P-1 导弹的工作停止，任新民又投入到仿制 P-2 导弹的工作中。

这最初的两枚导弹发挥了特殊的、开创性的启蒙作用。年轻的中国导弹科技队伍开始从感性上认识导弹，并从中学习了有关导弹的基础知识，这对队伍的成长起到了奠基作用。

等啊,盼啊,装载着苏联"宝贝"的专列终于驶进了位于中苏边境的满洲里车站。

10 仿制取"真经"

在中国研制导弹之初,苏联伸出了援助之手,允诺从1957年至1961年底向中国提供几种导弹样品和相关技术资料,以及导弹研制与发射基地建设的工程设计资料,并派遣专家帮助中国仿制导弹。

1957年2月24日,苏联在P-1导弹基础上改型研制的2枚P-2导弹及一套地面设备,经满洲里运抵北京云岗驻地,苏军的一个缩编的P-2导弹营共计102人也同时抵达。

此时,任新民已是国防部五院一分院第三设计部(液体火箭发动机设计部)主任,他一方面要紧张地筹建设计部,制订设计部的组织机构方案,确定专业技术方向,选调科技人员;另一方面又要开展业务工作,特别是苏联P-2导弹的仿制工作。

仿制的P-2导弹是计划于1959年9月完成总装出厂,争取在中华人民共和国成立10周年前后发射,为国庆献礼,于是这种导弹的代号为"1059"。

⬆ 建设导弹学习场地

    1958年5月，导弹的仿制工作全面展开，半年后苏联派来指导和帮助中国仿制导弹的专家也陆续到达，国防部五院任命任新民为"1059"导弹发动机总设计师。他和苏联专家施涅金在工作上配合很默契，彼此间建立了深厚的友谊。任新民带领科技人员虚心向苏联专家学习，认真整理笔记，决心尽快把苏联专家的技术知识全面系统地掌握。

    然而，在仿制工作中，细心的任新民发现了两个问题：第一，苏联提供的图纸存在错误，可能是因为苏方在整理时出现了疏忽或笔误。有些错误比较明显，有些却很难轻易辨别，需要反复推敲，花费大量的时间和精力才能做出准确判断并加以纠正。于是任新民要求科技骨干首先对发动机图纸进行全面核对，把有缺漏

⬆ 1959年秋，任新民（右）和导弹专家梁守槃（左）、苏联专家米辽申（中）在香山公园合影

的图纸全部补齐，把发现的错误纠正过来。任新民说："图纸错误会造成无法想象的后果，只有图纸准确，才能放心地生产。"第二，有些环节根本就没有可参考的图纸资料。发动机试车台的建设就存在这类性质的问题，当问及苏联专家时，他们的回答是："先别急，等你们的发动机搞成了，到我们苏联去试车。"此类问题还不少。任新民心里明白，这就意味着苏联不想给相关资料，今后还要受制于人，所以必须有自己建试车台的决心和物质上的准备。

"1059"导弹的仿制工作是以国防部五院为主，由全国1400

多家单位共同参加的大会战。比如导弹的动力装置液体火箭发动机,是由410厂承制发动机,111厂承制涡轮泵。发动机上的各种活门原先安排在西安某厂生产,该厂是生产飞机发动机活门的专业厂,设备较先进。可当时正值"大跃进"年代,人们被狂热的口号冲昏了头脑,废除了合理的规章制度和工艺规程,盲目追求数量和进度。1959年8月,任新民陪同苏联专家到该厂了解和检查活门的仿制生产情况。当看到生产出来的产品时,苏联专家非常愤怒,他们表示:"对产品质量如此不负责任,简直就是犯罪。"根据苏联专家的建议,国防部五院取消了该厂生产活门的任务,将其转交给已划归国防部五院的北京211厂。

↑ 北京211厂是导弹总装厂,原为兴建于清朝宣统年间的飞机修理厂

对于承制发动机和涡轮泵的工厂，要求更加严格。任新民多次陪同苏联专家前去检查，对每一个零部件的每道生产工序，都要一丝不苟地按设计要求和工艺规程严格检查，任何超过设计允许公差范围的产品都要做报废处理。尽管如此严格，但设计中还是有很多地方需要一个认识的过程，比如有次试车在45秒时发生爆炸，就是因为设计人员没有注意到轴承在不同条件下旋转生热的状态不一样，导致金属膨胀系数不同而引起了爆炸。正是由于这种极其严格的质量要求和不断的知识积累，以及设计人员深入实际、认真负责的工作态度，才保证了液体火箭发动机的成功仿制。

发动机是导弹的心脏，仿制中不仅需要搞懂设计中的一些难题，还要攻克诸多涉及材料与工艺方面的关键技术，特别是受到我国当时工业技术基础与材料技术水平的限制，更需要突破一系列的技术难题，如燃烧室的焊接裂纹问题，涡轮泵轴承的密封问题，各种高压减压器的装配与调试问题，等等。可见仿制并非易事。任新民要求科技人员不仅要以主人的身份热情地接待和关照苏联专家，而且要虚心地向他们请教，弄清楚设计图纸和技术资料中的各种技术要点，并与苏联专家一起下车间，了解和解决各种具体问题。他发扬技术民主，与科技人员共同商讨，硬是凭着蚂蚁啃骨头的精神，潜心研究、反复试验，解决了一个又一个技术难题。

高压减压器是发动机的精密机件，技术要求很高，其中用到的特种橡胶膜片很难制造。苏联的技术专家谢苗诺夫和工艺技术专家马蒙诺夫一致断言，中国制造不出这种膜片，高压减压器必须从苏联进口。任新民坚决贯彻国防部五院关于研制生产导弹

> **链接　火箭发动机**
>
> 火箭发动机是利用冲量原理，自带推进剂，不依赖外界空气的喷气发动机。它将贮箱或运载工具内的推进剂变成高速射流而产生推力。火箭发动机可用于航天器推进，也可用于导弹等在大气层内飞行。

武器的原材料立足国内的原则，不盲目相信苏联专家的断言，他同有关科技人员认真调研国内的有关情况，反复讨论、试制、试验，终于生产出合格的特种橡胶膜片，并成功研制出高压减压器。

1960年4月，发动机总装完成后必须解决的推进剂等化工材料问题提上日程，其中最突出的是液氧问题。当时苏联专家总组长潘克拉托夫提出：中国生产的液氧质量不合格，必须从苏联进口。液氧沸点低、挥发性强、易燃易爆，靠铁路或公路槽车从苏联远道运来根本不现实，恐怕液氧还没运到国内早已挥发殆尽，况且还有安全隐患。当时，任新民了解到我国兰州有一家公司已经生产了液氧，他提出只有用我国自己生产的液氧，才是解决问题的唯一出路。他们将国产液氧的化验资料与仿制设计的技术要求相对照，结果完全符合。任新民等人不顾潘克拉托夫的反对，又将有关资料送给发动机专家组组长施涅金，请他定夺。施涅金以科学的态度反复验证了样品及其试验数据，反复对照发动机的设计要求，勇敢而明确地表示："中国生产的液氧性能符合设计要求，可以使用。"这个结论举足轻重，也更加坚定了任新民等科技人员使用国产液氧的决心。1960年9月10日，经过拆装、用于练兵的P-2导弹在酒泉基地进行发射飞行试验，使用了国产的液氧和多种化工材料，飞行试验获得圆满成功。

任新民履行技术决策者的职责，适时对有关技术问题做出判断和决策，既保证了仿制工作的顺利进行，也从仿制中学到了技术，取回了"真经"。

液氧

液氧是液态的氧气。在航天工业中，液氧是一种重要的氧化剂，通常与液氢或煤油搭配使用。液氧是不可燃的，但它能强烈地助燃，能为发动机提供很高的比冲。液氧的沸点为零下183摄氏度，在常温下挥发很快，不易储存。各国运载火箭都大量使用液氧作为氧化剂。

11 试车台上创奇迹

1958年冬到1959年初春,天气异常寒冷,任新民担任了试车台设计任务书的编写组组长,计划在一年多的时间里建成我国第一台液体火箭发动机试车台,以满足火箭发动机试车的需要。

但是一年多的时间能完成吗?苏联专家表示怀疑。的确,试车台究竟是什么样子?是何原理?任新民他们根本没见过实物,也没有相关图纸,只好从学习、研究P-2导弹,特别是苏制导弹发动机的有关技术文件入手,查阅和参考为数不多的国外有关试车台的技术资料,并千方百计地从苏联专家那里获取有益的指导。尽管发动机专家组组长施涅金受到苏联方面的多次警告,但他很支持中国建造自己的试车台,在试车台的土建、管路、电路等方面出谋划策,提出了很多宝贵的意见。

任新民带领同志们废寝忘食、夜以继日地工作,经过两个多月的分析、计算、研究和讨论,并反复地同工程设计人员进行沟通和协调，终于完成了试车台设计任务书的编写工作，对试车台提出了详细的具体技术要求，包括液、气系统，控制系统以及测量系统的原理图等。这为试车台的工程设计和施工奠定了基础。

1959年夏，试车台的施工全面开展。任新民经常深入工程设计与施工现场，协调和处理相关技术问题。广大干部、科技人员和工人心往一处想，劲儿往一处使，好一派热火朝天的会战场面。任新民深知保证施工质量的重要性和难度，经他提议，召开了由有关单位和人员参加的协调会，会上强调统一指挥与协调，一定要在保证质量的前提下抓进度，还指派设计部有关技术人员深入现场，做好质量监管工作。任新民更是身体力行，到试车台现场了解建设进度、质量情况，已成为他的家常便饭。1959年底，试车台终于建好了，任新民担任验收委员会主任。当时没有参照资料，也没有验收试车台的经验，他带领验收组十几位科技人员和试验站的工人一起摸索、讨论、反复研究，在试验站一住就是3个多月。

1960年3月28日下午，试车台进行第一次点火试验。这天，任新民早早来到试验站，他要在点火前再一次检查每个细节，可见他还是有些不放心。

观察室里只有几块浅黄色的防弹玻璃，里面没有什么仪器、设备，试车台的状况全凭肉眼观察。

"一切准备完毕！"

"氧箱增压！"

⬆ **我国第一座液体火箭发动机试车台**

试车台是供全尺寸发动机在地面条件下进行试验的设备,它能综合分析发动机的性能,是研发发动机时所必需的重要设备。无论是发动机的研制、定型,还是测量重要数据的模拟试验都离不开它。由于火箭发动机对自身的稳定性和精度要求较高,因此建造火箭发动机试车台的复杂程度极高。

火焰喷涌而出……

透过浅黄色的防弹玻璃,任新民和同事们的眼睛湿润了。这是中国人自己设计、自己建造的试车台,第一次点火就成功了!片刻之间,在场的人们欢呼跳跃起来,相互握手、拥抱。

但是，任新民心里明白，试车台真正成功与否，还要看真实的发动机上台点火的结果。

几天后，试验站抽调了一台苏联带过来的发动机进行试车，准备点火50秒。人们期待着成功，然而这次试车却没有达到预定的推力，也未达到预定的50秒时间。当时的数据计算依靠手摇计算机，许多测量参数要一个星期以后才能计算出来，任新民急得像热锅上的蚂蚁。

时间一天天过去，任新民时常跑到现场查看，亲自上台查找失败的原因，对刚参加这项工作的新人的意见，他也认真倾听，还做好笔记。经过一点点分析，最后查明，失败的原因是管路中留有存气，存气跑进发动机的涡轮泵中，导致涡轮泵超速运转，最终引发涡轮泵自动关机。经过改进，任新民下令继续进行点火试验。

在场的人员屏住呼吸，等待着。

"点火！"随着一声口令下达，发动机立即点火启动，可没过几秒，试车台的紧急关机闸突然自动跳闸、关机，试验又一次失败。

发动机是导弹的心脏，发动机试车不成功，"1059"导弹的总装发射就会受到很大的影响。任新民找来了试车台的设计人员王珩，共同分析自动关机的原因。

王珩经过仔细的分析，认为不是发动机的问题，可能是试车台控制系统线路的问题。带着这一判断，他测量每一条线路，却并没发现问题。王珩日思夜想，连吃饭、走路时都在思考。一天，

⬆ 为研制"1059"导弹所建的决心栏

从食堂打饭回来,他突然想到:导弹发射上天后和在地面试车台上试车时的状态是完全不一样的——导弹起飞后,发动机的点火线路就自动脱落了,而在地面试车台上试车时,点火线路则会悬挂着,它很可能碰到了什么地方而引起短路。夜深人静,王珩找到了试车台操作手张惠南,告知了自己对失败原因的猜想,请他帮忙一起做个试验。他们模拟了点火线路短路，果然，试车台自动跳闸、关机了。

第二天一大早，王珩向任新民详细汇报了自己对跳闸原因的分析和模拟实验的结果。任新民非常高兴，立即重复做了模拟试验，证实了王珩的推断。几天后，王珩拿出修改图纸，设计了一个自动开关，成功解决了试车台跳闸、关机的问题。

就这样经历了无数次试验，排除了一个个大大小小的故障，直到1960年5月，试车台才通过了验收。王珩回忆说，这期间任新民经常在办公室加班到深夜，在试车台现场一待就是一两天。工作人员每次看到任新民来，既高兴又害怕。高兴的是，任新民如此重视大家的工作；害怕的是，他对技术问题一定会刨根问底，容不得他们有一丝疏漏和侥幸心理。

1960年10月17日，是仿制的导弹发动机90秒试车的日子，这是中国人第一次惊心动魄的大型地面试验，国防科委的领导聂荣臻元帅、陈赓大将、张爱萍上将、安东少将和国防部五院的领导亲临现场，指导和观看这一次试车。

导弹发动机被放在试车台上，火焰喷射，云烟四起，轰鸣如雷，大地震动，试车获得圆满成功！

这次试车不仅考核了国产仿制的发动机，也考核了我国在没有国外图纸资料的情况下，完全由自己设计、施工的第一个液体火箭发动机试车台。在一片热烈的欢呼声中，聂帅等领导亲切接见了任新民等参试人员，同他们一一握手祝贺。昔日的良师益友陈赓大将还特地走到任新民跟前，向老部下致以亲切慰问和鼓励。

这座标志着中国航天事业开端的试车台,如今依旧屹立在北京郊区的试验场里,我国第一枚中近程、中远程和远程战略导弹,第一枚运载火箭的发动机,都从这里经历测试走向发射场。

12 补丁打鬼

"1059"导弹仿制成功后,任新民面临的是自行设计导弹发动机这一更大的难题,因为仿制不是目的,只有自己掌握核心技术,才能把握中国人的命运。

毕竟是第一次自行设计,任新民还是想从苏联专家那里获得指点和帮助。当他向施涅金提出这一想法时,施涅金沉默了一会儿,说:"对此,我是没有义务的,但出于友谊,我可以看看你们的方案,听听你们的设想。"于是任新民把初步的设计方案交给了施涅金。施涅金非常认真地审阅后,认为整个方案是可行的,但他也提出了几个需要改进的地方,任新民等人听后深受启发和鼓舞。

1960年7月,我国自行设计的中近程导弹方案完成了,这种导弹被命名为"东风二号",其最大射程为1200千米。

然而,就在任新民等科技人员工作最紧张的时候,1960年8月12日,苏联撤走了留在中国的所有专家,单方面废除了双方合作的257个科研项目,扔下了一大批未完成的"烂尾楼"工程。

中国科学家被逼上梁山，只好放弃扶着"老大哥"肩膀走路的幻想，自己披荆斩棘上路了。

9月，"东风二号"导弹设计委员会成立，任新民被任命为副主任委员，重点负责导弹发动机的研制。

"东风二号"导弹发动机的改进方案跨度非常大，虽然任新民在人前人后、会上会下从不叫难，但他心里十分清楚自己肩上担子的沉重。经过一年多的全力奋战，发动机的设计方案基本成型。原来的导弹发动机共有组合件168件，改进设计后继续沿用的原组合件仅有62件，新设计和改型的组合件为106件，改进率达63％。发动机改进设计后，涡轮泵的转速提高了10％，功率增大了35％，比冲达220秒，额定推力比原来的37吨提高了20％，达到44.5吨，工作时间延长至125秒。

➡ "东风二号"导弹整装待发

> **链接　比冲**
>
> 比冲是指单位质量的推进剂产生的冲量，或单位重量流量的推进剂产生的推力，又称比推力。比冲或比推力是对一个推进系统的燃烧效率的描述，是衡量火箭发动机特性的重要参数，单位为米/秒（m/s）或牛·秒/千克（N·s/kg），工程上习惯使用秒（s）。比冲越高代表效率越高，即用相同质量的燃料可以产生更大的动量。比冲大小对火箭的射程影响很大，比冲越高，射程越远。

1960年1月，任新民光荣地加入了中国共产党，第二年9月，任新民担任国防部五院一分院副院长。任新民觉得自己肩负的责任更加重大，一定不能辜负组织的重托和同事们的期望，眼下最重要的就是把发动机研制出来。

然而，攀登科技高峰绝无坦途。在一段时间里，国产发动机的研制陷入了困境，发动机试车时连续出现外壳被烧裂的故障。

产生这种故障的原因如同鬼魅，让人捉摸不透。大家在分析原因和研究对策时，各有各的意见，公说公有理，婆说婆有理。对于第一次自行设计发动机的年轻技术人员来说，谁都说服不了谁。多次综合改进试验也不奏效，大有研制停滞的势头。任新民对此焦头烂额、食不甘味。

实践是检验真理的标准，任新民决定对各种主张进行针对性试验，最后以发动机试车时能满足设计要求的试车时间、额定推力、比冲为成功的标准。

首先按理论室的意见，采取抗振和减振措施，但是试车结果很不理想，发动机还是被烧穿；然后，按另一部分人的主张，把燃烧室设计成波纹管结构，可是试车时，没过几秒钟发动机头部就被烧穿了；最后，按照主管设计人员的意见，随着试车时间加长，发动机不断出现烧穿现象，但哪个部位被烧穿，他们就在哪个部位上焊一块"补丁"，再不断试验。这个措施的试验结果不错，但是"打补丁"的土办法可靠吗？

一天晚上11点多，几位技术人员刚回宿舍不久，就接到传达室的电话："速去任副院长办公室！"

推开门，任新民正趴在办公桌上，几张图纸铺满了桌面。见大家进来，他说：不弄明白我睡不着啊……那个夜晚，大家再次结合遥测数据对故障模式和对策进行研究推演，一直到深夜两点。第二天白天，在任新民的带领下，大家再次试验，证明"打补丁"的办法确实有效。

关键时刻，钱学森也前来帮助分析，他讲："既然裂缝了，就要采取结构局部加强，你们叫'打补丁'。'打补丁'有什么不好，能解决问题就好。你们把这个措施改叫'结构局部加强'，不是就好听了吗？"

在钱学森的支持下，任新民带领发动机组的人员对发动机燃烧室的结构局部加强，并改装了软管。"打补丁"的土办法还真的管用，"补丁"一到，"裂缝鬼"就不敢来了。

时隔不久，国产发动机通过了125秒的试车试验，额定推力、比冲等参数均符合设计要求，从而确保了"东风二号"导弹研制工作的顺利进行。任新民"补丁打鬼"的故事也流传了下来。

⬆ 试验基地召开任务部署会

13 没有"常胜将军"

1962年3月21日9时，戈壁滩上万籁俱寂，在高耸的发射架上，我国自行研制的"东风二号"导弹整装待发。突然，一声"点火"令下，发射场的所有人都紧张地盯着发射架……

可出乎意料的是，导弹起飞后像喝醉了似的摇摇晃晃，头顶上还冒着白烟，69秒后，导弹倒栽葱般垂直坠落在距离发射架前300米的地方。由于导弹里面装了20多吨推进剂，落地后发生爆炸，空中腾起了100多米高的蘑菇云，地面上被砸出一个深4米、直径22米的大坑。眼前的场景使身在现场的任新民和同事们非常沮丧。

导弹发射失败后的第二天，在北京坐镇的国防部五院领导钱学森和王秉璋十万火急地乘专机赶到发射场，两人传达了聂荣臻元帅的指示：科学试验允许失败，不要追查责任，重要的是找出失败的原因，吃一堑长一智，以利再战。

失败后，大家的心情是沉重的，从失败中吸取教训却是希望之所在。

钱学森领导的故障分析小组在事故现场工作了10天,任新民也是故障分析小组的成员。年近半百的他和一线试验队员一起住在平房里,西北的初春夜晚依旧很冷,任新民由于着急和上火,不小心患了重感冒,高烧昏迷的他被送到了医院。任新民醒来后的第一件事就是坚决要求出院,他说:"导弹试验工作正在关键时刻,现在让我待在医院里,没病也得急出病来。"

他们回京后历时3个月,从元器件、部件到各分系统,从各分系统到总体,不知经过多少次大大小小的故障分析、残骸测定、数据判读,仅1962年五六月召开的故障分析会议就有9次,故障原因逐渐明晰,其中一个就是由于发动机的结构强度不够,结构损坏导致起火。

任新民沉痛地自责说:"首长说不要追查责任,是对我们年轻设计队伍的爱护和关心,但不等于我们没有责任,作为发动机研制队伍的领导,我应该负责,我们的工作没有做到家。"

工作上遇到的挫折和失败对任新民是一种折磨,来自家庭生活上的困难使他的境况雪上加霜。任新民家中上有年近古稀的母亲和岳母,下有5岁至11岁的4个子女,他弟弟还留下了一个儿子在任新民家中,全家9口人面临食品短缺、生活困难的窘境。妻子既要上班,又要操持家务,已经患上了浮肿病。任新民一边为了带队攻关,废寝忘食;一边为全家填饱肚子而绞尽脑汁,这日子实在难熬。

由于任新民的家和单位相距很远,他平时住在单位,只有周

⬆ 20世纪60年代,任新民夫妇(后排左二和左三)
与母亲及儿女的合影

日才回家。上班时,任新民一日三餐都在食堂。三年困难时期,国家想尽办法给国防部五院的知识分子一些食品补助,任新民把分配到的一点儿黄豆、白糖等食品都如数带回家,帮助妻子渡过难关。在生活极端困难时,任新民和同事们仍然坚持加班加点,刻苦攻关。

为了解决发动机的结构强度问题,任新民他们采取了多项有

⬆ 大家集智攻关

针对性和综合治理性的措施，并创建了大型试验设施，包括全弹试车台、全弹振动试验塔等。采取改进措施后的导弹及其各系统在飞行试验前进行了 4 类 17 项地面试验。其中，仅发动机就采取了 27 项改进措施。从 1962 年 3 月至 1963 年底，发动机先后经过了 82 次热试车，在采取多次结构局部加强措施后，消除了薄弱环节和隐患，终于从根本上解决了发动机的结构强度和可靠性问题。

1964 年 6 月 17 日，任新民组织了"东风二号"发动机全弹全程大推力试车，大获成功。试验表明，导弹各系统在模拟大推力剧烈振动条件下均能可靠工作，特别是发动机的结构强度经受住了考验。

29 日，在戈壁滩如火的骄阳下，航天人热盼的胜利终于到来！"东风二号"导弹试射成功，准确命中目标，中国第一枚国产中近程导弹诞生了！

7 月 9 日和 7 月 11 日，发射了两枚，均传捷报。

9月至10月期间，又发射了5枚，全部奏凯。

任新民说："哪有'常胜将军'呀，航天领域里更没有'常胜将军'。导弹掉下来并不可怕，只要认真对待，总结经验教训，再干，再实践，一定会成功！"

在研制"东风二号"导弹的挫折和教训中，不仅诞生了国产液体导弹的"长子"，还锻炼了队伍，完善了规章制度。任新民和同事们在实践中不断从成功走向成熟。在后续的导弹和运载火箭的研制中，再也没有出现总体技术方案上的失误。

⬆ 任新民在办公室留影

14 沙漠抓"元凶"

1967年1月,西北大漠正值隆冬,天气阴寒,厚厚的灰黄色阴云遮住了太阳,北风凛冽,寒流滚滚。一伙人艰难地在沙漠里跋涉,鼻孔里呼出来的热气瞬间在脸上凝成了一层霜花,像是在冻得通红的脸庞上戴了个口罩。他们在干什么呢?

原来是新研制的"东风三号"导弹发动机试验出现了状况。

1966年底和1967年初,"东风三号"遥测弹在进行飞行试验时,发动机均出现故障,导致弹头未落入预定地点。任新民心急如焚,问题到底出在哪里?根据已有的遥测、外测数据,一时很难判断和得出结论。他绞尽脑汁,终于想到寻找"物证"的办法,任新民亲自带领技术人员,到导弹落区寻找发动机的残骸,以便抓住"元凶",查明故障原因。

1月的西北大漠,朔风吹,刺骨寒,任新民带领的搜寻组乘伊尔-14运输机从酒泉发射基地出发,途经马兰机场,又越过塔克拉玛干大沙漠,当晚到达驻地。次日凌晨,他们又分两批乘直升

⬆ "东风三号" 中程导弹

　　"东风三号"导弹是我国自行研制的第一代打击地面目标的中程导弹。导弹全长 24 米，弹径 2.25 米，起飞重量 64 吨，采用一级液体燃料火箭发动机，最大射程 2800 千米。1966 年 12 月首次试射，1971 年 5 月服役，目前已经退役。

机飞往落区指挥所。指挥所位于深入沙漠 100 多千米的马扎山附近，几顶帐篷和一些高出地面 1 米的地窝子就是工作人员的办公室和宿舍。沙漠里的早晚温差很大，人们清晨披着羊皮大衣不觉暖，中午穿着单衣满身汗，晚上风寒冷到骨头里。

　　任新民一行到达指挥所后，商定当天下午先进行空中搜索。

⬆ 中程地地导弹发动机

　　这是我国第一台采用四机并联方案的发动机,是我国液体火箭发动机研制史上的重要里程碑。

搜寻组乘直升机沿着导弹飞行轨迹在空中观察,虽然发现了几处疑似物,但无法准确定位发动机残骸的位置。

直升机搜寻未果,任新民又组织人员徒步搜索。

从早上搜到晚上,没有任何收获。由于明天还要继续寻找,大家只好在野外露宿。沙漠里的夜晚,寒气入骨,穿再多的衣服也无济于事。有个战士说,当地人露宿时会把烧热的沙子盖在身上取暖。于是大家点燃四处找来的干枯的胡杨树枝、芨芨草,用来烧沙子,然后把身体埋进热沙子里睡觉。任新民跟大伙一样,戴着棉军帽,把身体埋在沙子里,只露出脸。睡一两个小时后,沙子冷了,就爬起来再烧,任新民就这样跟着大家一块儿在沙漠里跋涉。后来大家劝说他坐镇指挥所,等候佳音。

搜索过程并不顺利,直到第四天下午才发现一些发动机的残骸。傍晚,任新民收到发现发动机残骸的电报,再也坐不住了,第五天清晨,他在两位战士的陪护下,朝着搜索队前进的方向出发了。

也许是老将出马带来的福气,第五天搜索队大获丰收,搜索到的导弹零部组件残骸越来越多,活门、自动器、减压阀、涡轮泵壳……临近中午发现了一个大的残骸——燃烧室,散开的横队一下子会集到一起。大家兴高采烈,左瞧右看这个几天来大家梦寐以求的"宝贝",突然有人喊了一声:"任副院长来啦!"大家抬头远看,只见时任火箭技术研究院副院长的任新民挂着一根木棍急匆匆地向搜索队走来。歇息片刻,任新民和搜索队员们深入沙漠腹地继续搜索,其余3个燃烧室和重要零部组件的残骸也

1966年12月,任新民(左一)与钱学森(左二)、聂荣臻(左三)等在"东风三号"导弹试验现场合影

都搜索到了。

任新民和同事们对残骸进行仔细分析，发现发动机燃烧室有被火焰烧坏的裂缝。大家顺藤摸瓜，再分析裂缝出现的原因，并据此查找隐患和薄弱环节，采取了针对性的改进措施，修改、完善了设计。

沙漠抓"元凶"，获得好结果。装载了新型发动机的"东风三号"导弹进行了2次飞行试验，均获成功。

"东风三号"导弹的成功研制，标志着我国仅仅用了10年的时间就拥有了完全独立知识产权的中程导弹。之后，任新民领导开展研制的"东风四号"导弹也顺利完成了既定任务。

1968年和1969年是任新民的大忙之年。他穿梭于北京设计所、戈壁发射场和山区试验场,忙碌不已。

15 大忙之年

任新民身为导弹总体技术专家和液体发动机技术专家，1968年和1969年是他的大忙之年。他不仅领导着"东风四号"导弹的研制和飞行试验工作，还承担了发射我国第一颗人造卫星所用的运载火箭"长征一号"的研制工作。任新民穿梭于北京设计所、戈壁发射场和山区试验场，忙碌不已。

即使身处北京，他也不会待在办公室，而是经常起早贪黑地去挤公共汽车，在位于北京南郊和西郊的试验室及试验站间来回奔波，有时中午他在公共汽车上打个盹儿，就算午睡了。一次，疲惫不堪的任新民未来得及买票就坐在公共汽车上睡着了，小偷趁机偷走了他的钱包和工作单位的出入证，下车时身无分文的他只好向售票员讲明情况，这才回了家。那时，丢了出入证属于政治事故，必须写检讨才能补发。幸运的是，不久后有人捡到了被小偷丢弃的出入证，转送到了单位。任新民吃一堑长一智，他在出入证上打了一个眼儿，然后穿根绳子挂在脖子上，这个办法他

⬆ 任新民长年累月奔波在外

一直沿用到晚年。

"长征一号"运载火箭是在"东风四号"导弹的基础上,增加第三级固体发动机,并进行适应性修改后研制的。

1969年8月,任新民主持完成了"长征一号"运载火箭第二、三级发动机的试车,然后

链接 "东风四号"导弹

"东风四号"导弹是我国第一枚使用液体燃料的两级地地中程弹道导弹,可机动发射,射程4000~5000千米。"东风四号"导弹不仅为后续的洲际弹道导弹的研制与发展奠定了技术和队伍基础,更为可贵的是,在其基础上改进的"长征一号"火箭成为发射我国第一颗人造地球卫星的运载工具。

⬆ 任新民在卫星发射现场

他两次带队前往酒泉发射基地,实施"东风四号"遥测弹飞行试验。紧接着,他和他的团队又参加了"长征一号"运载火箭在酒泉发射基地的合练试验,任新民担任了合练试验队队长。从1969年8月进场至1970年2月,他们已在外连续战斗了5个多月。

任新民回京度过短暂的春节假期,1970年3月26日,"长征一号"运载火箭及"东方红一号"卫星启运酒泉发射基地。任新民担任"长征一号"运载火箭发射队队长,并被任命为发射卫星工程指挥部成员。卫星发射前,第七机械工业部(简称"七机部")副部长钱学森、基地司令员李福泽和任新民等有关人员乘专机从发射场飞抵北京,向中央专委汇报运载火箭和卫星的测试情况。会上,大家对火箭、卫星的安全问题十分关注,当汇报到安全方案时,中央专委领导仔细看着地图上标明的火箭理论飞行轨迹,询问:"如果火箭发生故障,可能掉在什么地方?火箭坠地后爆炸的威力有多大?"钱学森从容地回答道:"火箭上装有安

▲ 一级火箭发动机装配中

全自毁系统，它一旦判断飞行发生故障，会瞬间爆炸自毁；如果安全自毁系统失灵，地面遥控系统会发出炸毁的指令使火箭自毁。"

由于卫星一旦出问题，可能会伴着《东方红》乐曲坠入大海，产生负面的政治影响，有人主张在卫星上也安装一个安全自毁系统，一旦卫星出现故障，可以自动炸毁。但是又有人提出："万一自毁系统发生故障，该炸时不炸，不该炸时炸了，怎么办？"安装这个系统的利弊如何权衡？由于涉及政治影响，谁都不敢轻易表态。

中央专委领导走到任新民面前，问道："任新民同志，你有什么意见？"之前，任新民认为自己是负责运载火箭的，应该先听听搞卫星同志的意见，现在领导让自己发表意见，他只好直说了："我认为卫星上最好不要装安全自毁系统。如果在星箭未分离时卫星出现问题，运载火箭的安全自毁系统可将卫星一起炸掉；如果卫星入轨后出现问题，可在再入大气层时烧毁，不会对地面造成安全隐患。但是如果卫星上装了安全自毁系统，卫星在轨道运行的时间很长，安全自毁系统一旦失灵，可能会炸毁一颗好卫星。"任新民以其深厚扎实的技术功底和对运载火箭与卫星运行规律全面深入的了解，深入浅出地回答了中央专委领导心中的疑问，给他们吃了一颗定心丸。

会后，任新民等人连夜赶回办公室，参加了向中央政治局提交卫星发射报告的起草。他认真回顾了"长征一号"运载火箭的研制历程、关键技术攻关情况和发射场测试结果，果断、负责地

↑ 1970年4月26日《人民日报》号外

表述了可以成功发射卫星的理由和信心。4月17日清晨，发射队接到上级通知："经党中央领导批准，'东方红一号'卫星上不安装安全自毁系统。"

激动人心的时刻终于到来，1970年4月24日21时35分，随着响亮的"点火"命令，一声巨响，霎时间火箭一级的4个发动机同时喷出橘红色的火焰，"长征一号"火箭载着"东方红一号"卫星冉冉升起。发动机喷出的十几米的火焰，光亮夺目，照亮夜空。位于地下指挥控制间的任新民看到屏幕上火箭起飞的信号，忙不迭地拔腿向外跑，地下室的通道又长又窄，任新民第一个跑出去。一出通道口，只见美丽的火焰划破夜空，直奔东南方向而去。火箭越飞越高，越飞越远，很快达到了第一宇宙速度，消失不见了。任新民这才转身回到地下室。随着广播中不断传来"捕获目标""跟踪正常""飞行正常""二、三级分离正常""卫星入轨"等一连串捷报，任新民一颗悬着的心终于落定。21时50分，中央广播事业局报告，收到了我国卫星播放的《东方红》乐曲，声音清晰洪亮。鸦雀无声的地下指挥室顿时沸腾起来，"我们成功了！"

> **链接** 第一宇宙速度
>
> 　　第一宇宙速度指物体在地球引力作用下环绕地球做惯性圆周运动的速度，也叫环绕速度。据计算，这个速度约为7.9千米/秒。物体在极少空气阻力的环境下（100千米以上的高空）获得这一水平方向的速度以后，不需要再施加动力就可以环绕地球运动。
>
> 　　目前，我国发射各类地球人造卫星和月球探测器的长征运载火箭，均达到第一宇宙速度。2020年发射"天问一号"火星探测器的"长征五号"运载火箭，则达到了第二宇宙速度（11.2千米/秒）。至今，世界上还没有能达到第三宇宙速度（16.7千米/秒）飞出太阳系的运载火箭。

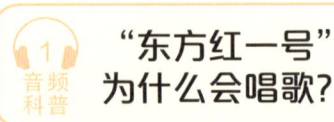

"东方红一号"卫星为什么会唱歌？

16 "偏心"的"总总师"

务实、坚定，一旦认定谁也拦不住，这是很多人对任新民的评价。20世纪70年代，任新民坚持发展我国新一代火箭动力系统，甚至不顾有些人指责他"偏心"。然而，恰恰是他的"偏心"，为今天中国运载火箭的发展奠定了基础。

那是1975年，60岁的任新民被任命为七机部副部长。这一年内，他连续组织了3颗卫星的成功发射，其中意义重大的一次是，使用"长征二号"运载火箭第一次成功发射和回收了第一颗返回式卫星，使我国成为继美苏之后世界上第三个掌握返回式卫星技术的国家。中国航天下一步的重点任务，就是发射通信卫星。

1975年3月31日，党中央批准了由任新民参与制定的《关于发展中国通信卫星工程的报告》，由此有了中国航天史上著名的代号为"331"的卫星通信工程（简称331工程）。

331工程包括运载火箭、通信卫星、发射场、测控通信、地面应用等几大系统。由于系统庞大，国防科委对五大系统都任命了

⬆ 任新民为 331 工程技术总结题字　　⬆ 任新民在发射场

各自的总设计师，而任新民被任命为整个 331 工程的总设计师，人们习惯称他为"总总师"。也就是说，他不仅要协调解决自己熟悉的发动机和运载火箭研制中的问题，还要协调解决他不太熟悉的通信卫星、测控通信、发射场和地面应用等系统的种种问题。

他亲临科研生产一线，掌握第一手情况，从技术方案的制订、关键技术的解决入手，紧紧依靠设计师系统、行政指挥系统的各级领导，抓主要矛盾，商量、研究和解决各种难题，对"总总师"的工作得心应手，保证了重大问题决策正确或趋于正确。

通信卫星运行于距地球 36000 千米的赤道上空，被称为地球静止轨道，要将卫星送到这个高度，必须要有推力足够大的三级火箭。

三级火箭的第三级发动机使用什么推进剂？当时有两种选择：一种是采用和第一、二级火箭相同的常规推进剂，称为常规发动机方案；另一种是采用比冲高于常规推进剂50%的液氢液氧低温高能推进剂，称为氢氧发动机方案。然而，当时氢氧发动机方案却遇到了阻力。有人提出，使用常规推进剂也能把卫星送到预定高度，何必冒风险去另搞花样呢。可是任新民坚持看好氢氧发动机方案，有人觉得他有点儿"偏心"了。

任新民为什么青睐氢氧发动机方案呢？他实事求是地分析："这两种方案各有特点，各有利弊。氢氧发动机方案尽管需要攻克的关键技术比较多，难度大，研制周期相对长，但它可以提高火箭在地球静止轨道的运载能力，这正是发射通信卫星所需要的；而且从技术发展趋势长远考虑，氢氧发动机这个台阶总得要上。现在世界航天大国都在研制这种发动机，而且进展很快，我们不能被落得太远。"他甚至略带激动地表示，"干事情总是有困难、有风险的，只要我们正视困难，知难而进，勇于登攀，就没有过不去的难关！"

鉴于采用哪种方案的意见不统一，1973年8月，七机部在一次方案论证会上决定，两种方案并行研制，加速推进，但最后采用哪种方案有待定夺。

事物发展并不以人们的意志转移。氢氧发动机的预研工作虽然取得很大的进展，但常规发动机的研制工作也在加速推进，

1976年5月26日，常规发动机成功地进行了首次全系统热试车。而氢氧发动机却在1978年初的一次试车中由于操作违规发生爆炸事故，导致10人受伤，试验失败。1978年8月，国防科委在上海召开会议，讨论对比了两种发动机方案，在《会议纪要》报批稿中，拟将常规发动机方案作为发射通信卫星运载火箭的第一方案，上报国家审批。

此时，任新民正率领中国宇航学会代表团访问日本，回国时他在北京首都机场得知这一消息后，心急如焚。他十分清楚，根据我国的财力、人力、物力等条件，工程实施了第一方案，就很难再上第二方案。如果不能把氢氧发动机方案作为第一方案，那以后氢氧发动机能否搞成，什么时候能搞成，就很难说了。于是，他顾不上回家，从机场直接来到老搭档国防科委马捷副主任家，任新民详细汇报了前段时间氢氧发动机技术攻关的进展情况，介绍了试车所取得的一些成果。他还算了一笔账：如果用氢氧发动机的话，火箭的运载能力预计可以提升到1.4吨，如果用常规发动机，最大运载能力只能到0.9吨，那就限制了通信卫星的发展。他诚恳地表示："将氢氧发动机方案作为第一方案，我是有把握的。"次日，在国防科委召开决定方案的会议上，任新民开门见山、底气十足的一番话让当时出席会议的人们至今记忆犹新。任新民在会上说："氢氧发动机是今后提高火箭运载能力所必需的技术，这个台阶迟早得上，我们已经具备了初步的技术条件、设施和设备条件，经过努力一定可以突破技术难关，中国完全有能力赶超世界先进水平，此时的大胆并不是冒进，我可以立军令状！"平

↑ 氢氧发动机

⬆ 火箭发动机试车

时不善辞令的任新民，在决定氢氧发动机命运的关键时刻却掷地有声。

马捷副主任对任新民这位老专家高度的事业心和责任感由衷地敬佩，并被他的决心和诚意所感动。事后他又听取了方方面面的意见，经过研究，最后根据任新民提出的意见，将常规发动机方案作为第一方案的"第"字改为"另"字。这一字之差决定了氢氧发动机技术担当起"第一方案"重任的命运，马捷、任新民在其中起到了举足轻重、不可替代的作用。

自此，任新民肩负着责任和压力，带领科技人员、试验人员、

> **链接　氢氧发动机**
>
> 　　氢氧发动机是指采用液氢作为燃烧剂、液氧作为氧化剂的低温高能发动机。氢氧发动机由于其高性能、无污染等特点，在一次性使用的运载火箭和可重复使用的运载器上都占有极其重要的地位。研制大推力氢氧发动机是国内外液体火箭发动机技术的发展趋势，掌握这一技术是成为航天强国的标志之一。
>
> 　　考察液体火箭发动机主要有两个指标，一个是最大推力，另外一个是比冲。在相同的发射重量下，火箭发动机的比冲越高，火箭的运载能力就越强；火箭发动机最大推力越大，所需的发动机数量就越少，可靠性就越高。氢氧发动机在这两个指标上都拔得头筹。

工人在氢氧发动机攻关的道路上艰难地探索着。他对同事们推心置腹地说："第一方案是确定了，但第一的位置是否保得住，还取决于我们的工作。" 1979年1月和2月，分别进行了两次500秒的试车，考核预冷启动、关机程序和组合件工作的可靠性。9月12日，首次进行二次启动短程试车；9月19日，进行了二次启动长程试车；11月22日，进行了二次启动长程摇摆试车，均获圆满成功。至此，氢氧发动机的研制步入正轨，331工程的核心技术总算拿下了！

氢氧发动机在中国运载火箭发展史上的地位与作用，已经被

"长征五号"火箭的威力为什么这么大？

后来的实践所证明。使用氢氧发动机的"长征三号甲"系列运载火箭，至今已进行了100多次飞行，为国民经济建设、国防建设、社会发展和科学技术进步做出了重要贡献，还成功地完成了多颗国外通信卫星的发射。目前，采用氢氧发动机的运载火箭已成为我国长征运载火箭中的主力，无论是为嫦娥工程效力的"长征三号甲"系列运载火箭，还是发射"天问一号"火星探测器和空间站的"长征五号"系列运载火箭，都使用了氢氧发动机。

⬇ 采用氢氧发动机的"长征五号"大推力运载火箭

17　事必躬亲

1975年，任新民被推上了领导岗位，出任七机部副部长。对于一向处事低调的任新民来说，职位的变化对他的影响不大。他分管科研技术，一如既往地做好工作，依然处事低调，事必躬亲。这一年恰逢航天大发展的时候，他有一大半的时间都不在家，奔波于发射场、研究单位、协作单位之间。任新民对待工作的认真态度和内心的使命感，注定了这种忙碌将一直伴随着他。

1982年，氢氧发动机的研制工作进入最后的冲刺阶段，但在试车时，涡轮泵连续几次严重损坏，导致试车失败。采取相应措施后，再尝试，涡轮泵仍然损坏，第三次尝试还是失败。任新民意识到此故障并非小沟小壑，肯定存在着重大隐患。事不过三，不能再试下去了，他宣布放假一天，让大家静下来认真想想问题出在哪儿。

然而，任新民并没有放假，他奔波于发动机研究所、总体部、结构强度研究所、发动机试验站等地，召集有关人员参加故障分

◀ 任新民（右）在西昌卫星发射中心指挥发射任务

  任新民曾说："一个科技人员判断和处理技术问题，一是靠他的基础技术知识和实践经验；二是靠他不断深入实际，从广大科技人员、工人那里，从实践中汲取和补充知识；三是靠实事求是，一切从实际出发。"

  正如任新民常说的那样，他始终践行着这些话。在他大半生的航天生涯中，深入现场的时间占了大半，他的判断和结论从来都是来自实践。

析会。作为这项技术的力推者，任新民很冷静，他清楚有些技术难题无法事先预测，随着研制试验的深入，突然暴露出来是正常的。在别人束手无策时，技术指挥员的镇定和自信至关重要，而这一切来源于平日里深入实际的细致工作。

  在一次分析会上，结构强度研究所的一位专家提出，刚性轴承在旋转速度超过 3.6 万转/分钟时则变成柔性轴承，随即会出现次同步共振现象，导致涡轮泵损坏。这一概念的提出，使任新民等人茅塞顿开，通过反复分析试车数据，查看涡轮泵的转速及模

⬆ 任新民在分析会上认真思考

拟试验，终于揭开涡轮泵严重损坏的机理——次同步共振。故障机理清楚了，通过大量计算和试验研究，采用改变轴承的刚度和转速的办法，终于彻底解决了故障问题。1982年11月，改进后的氢氧发动机进行了大推力、摇摆、1400秒的长程试车，获得成功。后来又连续进行了3次试车，均获成功。

在前后长达十余年的氢氧发动机的研制中，共进行了100多次各种条件下的热试车，任新民几乎悉数亲临现场，个别情况未能参加的，他会亲自打电话询问试车情况、试验数据和存在的问题，事后还常常赶赴试验现场详细了解情况。有时遇到挠头的问题，

⬆ 任新民（前排右三）在发动机研制一线

任新民曾回忆，有一次，他到厂里检查工作，发现了问题。过了一段时间，厂长说问题已经改了，车间主任也说改了，但他不放心，一直问到检验员，才得知没有改。有时工作中有一步不到位，得到的信息就可能是错的。

他同广大科技人员一起思考，茶饭无味、彻夜难眠，经受着挫折和失败的煎熬。但是困难吓不倒他，每当同事们感到精神快要崩溃的时候，他总是鼓励大家："没有过不去的坎儿！"在研制氢氧发动机的艰难征程中，任新民总是站在风口浪尖，是这支研制队伍的主心骨和精神支柱。任新民在研究院工作时，发动机研究所里常召开大大小小的分析汇报会、总结会，只要他接到通知，都会骑着一辆破旧的自行车，准时到场。会后，所里想留他吃点儿好的，他就只要一碗面条。即使担任了七机部副部长，他外出开会也很少坐专车。同事对他的印象是"开完会拔腿就走"。而到各地视察工作时，这位"总总师"一般都会找基层人员边聊天边参观。到95岁高龄时，他依然关心氢氧发动机的技术升级，只要人在北京，发动机试车他必不缺席。"长征五号"运载火箭副总设计师王维彬说，他本人陪同任新民去试车现场就不少于20次。

1988年9月，"风云一号"A星发射，它是我国自行研制的第一颗极地轨道气象卫星，但是在卫星发射后的第三十九天，卫星姿态失控导致整星失效。在卫星出师不利、队伍可能被解散的情况下，任新民主动承担责任，他深入研究单位，陪着最基层的设计人员找问题，他说："如果我从一开始就蹲点，一旦出了问题，我们马上就能商量和修改。"

在发射风云卫星时，测试检查工作的进度十分紧张，任新民像年富力强的科技人员一样，在发射场的厂房里东奔西跑，在发射塔架上爬上爬下，他从早忙到晚，凭借长期积累的测试检查经验，组织解决了一系列难题，排除了多个疑点。最终"风云一号"02批中的两颗业务星，准确地进入了各自的预定轨道，达到并超过设计寿命的要求。这两颗卫星分别被列入世界极轨业务气象卫星序列，取得了巨大的经济效益和社会效益，极大地提高了我国在世界上的航天声誉。

1988年12月22日，夜幕降落在西昌卫星发射中心，运载火箭已经吊装完毕，"东方红二号甲"卫星也已经与火箭对接完毕。西昌卫星发射中心、西安测控中心、闽西测控站以及远在太平洋上的"远望号"测量船也多次联试成功，气象条件良好，符合发射要求。于是火箭发射进入1小时倒计时程序，所有的发射技术人员都已撤离到距离发射塔架1000米外的观察场区。

　　任新民也撤到距离发射塔架几十米的山洞指挥所中，发射塔架的电梯已经停运，指挥所中一片寂静，呈现出一种临战前的紧张气氛。突然，遥测观测员高声喊道："星箭结合部遥测数据异

▼ 任新民（右三）调研固体逃逸
　　系统发动机的研制情况

常!"指挥所里的气氛骤然紧张到极点,大家的目光一下子集中到总设计师任新民身上。只见他略一思索,冷静地说了3个字:"上塔架!"在场的基地司令员胡世祥说:"塔架电梯已经停运了。"任新民一边向指挥所洞口走去,一边说:"爬!"

星箭结合部位于塔架的顶部,整个塔架没有灯光。任新民仰头看了一眼,立马抓着扶手一节一节登上塔架的铁梯。此时的任新民年过73岁,古稀老人一步一步艰难地爬到了90多米高的星箭结合部,不待喘息,他掏出手电,照亮星箭结合部的每个方寸,静心观察。突然他眉头一展,指着一个螺丝钉对随行人员说:"你看!"只见螺丝钉上面微微漏出一点儿液体,原来这颗螺丝钉松动了,导致推进剂泄漏,随行的工程技术人员立即进行了适当处理。任新民又仔细检查了一遍,没有再发现其他纰漏,这时他才长长地舒了一口气。任新民一行匆匆下了塔架,直奔指挥所,一进门就听到观察员报告:"遥测数据正常!"随即指挥员发出了"30分钟""15分钟""5分钟"准备的口令,塔架与火箭电缆接口断开,卫星电源启动。随后传来倒计时的口令:"10,9,8……3,2,1,发射!"只见指挥所大屏幕上显示,塔架下喷出一股浓烟,火光滚滚,火箭缓缓地离开塔架,稳稳上升。观察员高声报告:"火箭飞行正常,遥测数据正常!"火箭冲向茫茫夜空。

此时发射塔架下还有残余烟火,但是任新民顾不上这些,起身奔向指挥所洞口,登上塔架小广场上的汽车,奔向七八千米外的一个阵地指挥所,指挥卫星在太平洋上空的星箭分离。第二天,任新民带领有关技术人员马不停蹄赶到西昌机场，飞向西安卫星测控中心，指挥卫星定点在地球赤道上空。

极度忙碌的任新民，都忘记了7天前的12月5日是他的73岁生日。

⬆ 任新民（左三）在通信卫星发射现场

18 惊心动魄 70 天

氢氧发动机既是任新民的心肝宝贝，也像个调皮捣蛋的孩子，给他找了不少"麻烦"。

1984 年 1 月 29 日晚，"长征三号"运载火箭托举着"东方红二号"通信卫星冉冉升起，火箭的第一、二级点火飞行、分离，第三级氢氧发动机第一次点火、飞行和滑行段都很正常，只要成功进行第二次点火，发射任务即可大功告成。

火箭起飞后，领导和参试人员在紧张而严肃的气氛中凝望着大屏幕，现场不时响起热烈的掌声和欢呼声。任新民双目紧盯着屏幕上显示的发动机推力曲线和燃烧室压力曲线，当看到氢氧发动机二次点火 3 秒后，燃烧室压力开始减小，并迅速降为零，他沉着脸说："还鼓什么掌，发动机出问题了！"

氢氧发动机二次启动失败后，卫星被搁置在距地面高度为 400 千米的近圆形的停泊轨道，远没有达到 36000 千米的高度，通信卫星无法正常工作。

⬆ 任新民（右）在和专家讨论问题

任新民作为工程总设计师，一直亲自抓发动机的研制工作，他的压力自然很大。尤其是故障发生在他一直力挺的氢氧发动机上，面对挫折，他内心的苦涩是不言而喻的。有人提出，氢氧发动机技术并未过关，更有甚者，认为使用氢氧发动机是错误的，压根儿就不应该通过此方案。

任新民陷入冥思苦想之中，故障的原因到底是什么？会不会是原理性的问题？第二枚运载火箭还能不能在4月底第二个发射窗口到来之际如期发射？

痛定思痛，任新民以其特有的刚毅、沉稳深入基层，凡是涉及分析故障原因、改进措施的意见与建议，他不仅听而且认真仔细地分析研究；至于非议，他则当作耳边风。在发射基地，他召

> 链接
>
> ## 发射窗口
>
> 　　发射窗口指允许运载火箭发射的时间范围，这个范围的大小叫作发射窗口的宽度。发射窗口有宽有窄，宽的以小时计，甚至以天计算；窄的只有几十秒，甚至为零。
>
> 　　发射窗口是根据航天器本身的要求及外部多种限制条件经综合分析计算后确定的。由于每个航天器承担的任务不同，航天器上安装的仪器、设备使用要求不同，它们对发射窗口提出了种种要求和限制条件，而这些要求有时又互相矛盾。因此必须考虑各方面的要求，经综合评估后选择一个比较合适的发射窗口。
>
> 　　一旦运载火箭临时出现故障，或由于天气等其他原因不能按时发射而错过了发射窗口，则只能等待下一个发射窗口。有的航天器一天之内不止一个发射窗口，有的则要等几天或更长时间，才能再次发射。

开了氢氧发动机技术骨干会议，与会人员一见到任新民，有一肚子的苦水要倾诉，大家滔滔不绝地说起了几天来听到的闲言碎语。他倾听后安慰大家："现在，当务之急是把故障的原因和机理分析清楚，说不定别人的议论还有道理呢！我们要用数据说话，对于别人的议论，我们现在还不具备发言的条件。"听了他的话，会场气氛顿时缓和了很多，大家迅速开始分析故障原因。最后，任新民同大家一起重温聂帅在得知"长征三号"发射失利时给参试人员发来的慰问信："这种极复杂的科学试验，哪能要求必须一次成功，何况这次是最新发动机的首次上天试验，在欧美几个少数国家也是经过反复失败、成功，才掌握新技术的。所以只要大家认真对待，从中分析原因、查明故障、得出经验，我国的地球静止轨道卫星一定会发射成功的。现在关键在于接下来是鼓气，还是泄气，我相信同志们一定会以科学的态度继续努力，终会获得成功的。"

任新民激动地说："聂帅的话说到家了，我们必须打起精神，继续努力。"

发射基地的故障分析工作在任新民、试验队长张镰斧和"长征三号"总设计师谢光选的领导下，紧张有序地全面展开。任新民最后综合了两种故障模式，采取了三项改进措施。他回到北京后，

⬆ 在发射场上，任新民是很严厉的人

准备向发射指挥部——汇报。次日,指挥部召开会议,商讨能否组织第二次发射。会场上一片寂静,会议主持人国防科工委主任张爱萍环视四周后开门见山地说:"关于要不要在今年4月底以前组织第二次发射的各种意见,我都知道了,都不用讲了。今天,我就听从前方回来的工程总设计师任新民的意见,任新民同志,你讲吧!"

⬆ 在困难面前,任新民从不露难色

此时,任新民正拿着本子准备记录张爱萍和其他领导的意见,没想到自己成了第一个发言的人,这让他感到有点儿突然,不过他对故障分析与改进的措施已烂熟于心,他也十分清楚自己意见的分量和自身的责任。于是,他抖了抖精神,提高嗓门,重点汇报了两种故障模式和三项改进措施。最后,他坚定而自信地说:"'长征三号'运载火箭第一次发射出现故障的原因和机理是清楚的,所采取的措施是有效的。我认为完全可以继续组织第二次发射,而且能够在4月底以前实施发射!"随后,张爱萍请国防科工委及航天部领导发表了意见，最终会议同意在1984年4月以前实施"长征三号"运载火箭的第二次发射。

会议结束后，任新民随即乘火车赶回西昌发射场继续投入工作。

整个故障分析和实施改进措施的工作，都是超常态进行的。从设计、生产到试验，一环扣一环。前方设计图纸刚出，便用传真发给后方工厂；图纸还未到厂，主管设计师还未返京进行技术交底，工厂已做好生产准备；试验件还未到，试验站的各项试验准备工作已经就绪。时间就是命令，已成为前后方所有参试人员的共同准则，来往文件、图纸收到即直接送往工作地点。正是由于前后方精心组织、协调指挥、齐心协力，任新民带领的团队只用了70天时间，便完成了各项改进措施，创造了世界航天史上的奇迹。在这期间，任新民带领的队伍只用了16天时间，完成了两台改进后的氢氧发动机4次上台、8次点火试车，达到了试验目的。只用了3天时间，在极其困难的条件下对已经竖立在发射台上的运载火箭的氢氧发动机进行了改装。与此同时，

⬆ "长征三号"三级氢氧发动机试车

⬆ "长征三号"火箭

在北京又进行了改装后的氢氧发动机的长程可靠性试车,取得圆满成功。这更增强了任新民等参试人员对再次发射的信心。

功夫不负有心人。1984年4月8日19时20分,随着发动机点火时发出的震耳欲聋的轰鸣声,"长征三号"运载火箭携带"东方红二号"通信卫星腾空而起,直插太空。广播里先后传来"一级起飞正常""二级飞行正常""三级一次点火正常""三级一次关机正常""滑行段正常",此时任新民的心已提到了嗓子眼儿,他深吸一口气,死死盯着运载火箭的加速度曲线。旋即,广播里传来捷报——"三级二次点火正常""三级飞行正常""三级二次关机正常""星箭分离""卫星起旋"!

从上次火箭发射失利算起,共经历了惊心动魄的70天,此刻,发射中心的指挥大厅里沸腾了,人们不约而同地向工程总设计师任新民围拢过来,大声喊道:"我们成功了!"

链接 "东方红二号"通信卫星

"东方红二号"通信卫星是我国第一颗地球静止轨道试验通信卫星。1984年4月16日,成功定点于东经125度赤道上空。4月17日,进行了首次天地卫星通信试验,该试验持续了60分钟。广播节目传输试验中进行了包括英语和俄语在内的15套节目的传输,整个过程中电视画面始终保持稳定、图像清晰、色彩艳丽、伴音清楚。

3 音频科普　为什么要在天上建立驿站?

19 放眼世界荐飞船

1978年6月,时任七机部副部长的任新民带领中国航天代表团到日本进行学术访问。代表团到达的第二天,一行人在日本东京的一家饭店用餐时,被闻讯赶来的记者包围了。记者的第一个问题就是:中国是否准备派航天员上天?

不久,任新民与美国国家航空航天局局长会面,回家后他兴奋地告诉妻子,那个美国人的话他都能听懂。特别是他听懂了美国同行也关注的问题:中国航天员何时上天?

20世纪70年代末到80年代中期,任新民多次与来我国访问的欧洲空间局代表团、法国国家空间研究中心代表团、美国国家航空航天局代表团、日本宇航科学技术代表团的成员进行友好的会见与交往。在与这些国际宇航界的专家、学者的交谈中,任新民为中国航天受到世界同行的关注而感到自豪,同时他也敏锐地感受到世界航天大国、强国在航天技术方面的飞速发展:美国阿波罗载人登月计划取得的辉煌成就,苏联一代又一代空间站的

◀ 任新民在办公室

迭代更新，美国航天飞机的可重复使用……任新民常常陷入深思："中国航天员何时上天？"这个问题一直萦绕在他的脑海中。

对于20多年来一直在导弹、火箭、卫星各工程间奔波的任新民来说，探讨20世纪80年代的技术方向、技术途径、技术方案以及技术可行性，刻不容缓。

中国航天领域有个传统："吃着碗里的，看着锅里的，想着地里的，总是走一步，看两步，想三步。"自从20世纪60年代钱学森带领大家制订"八年四弹"规划后，中国航天各个时期都有技术发展的明确规划和工程任务，如80年代的"三抓"任务，90年代的"一箭三星"规划等。这些规划和工程的制定者中都有任新民的身影。

在331工程接近尾声的时候，任新民的眼光瞄准了下一个宏伟目标：对于中国航天来说，最前沿又最具有创新意义的技术莫过于载人航天。

任新民开始构想中国航天后30年的发展道路，他以长远的战略眼光引导中国航天发展方向的选择，将中国航天事业推向一个新的制高点。在多个不同的场合和地点，他多次呼吁："要对我国的载人航天技术提早进行规划、论证和关键技术的预先研究，以保持我国航天技术的发展势头，在世界航天高技术领域继续占有一席之地。"

1985年7月，颇具开创意义的载人航天话题第一次被中国航天界提上议事日程。任新民以航天工业部科技委的名义，发起并

➡ 任新民多次呼吁开展载人航天技术的预先研究

主持召开的关于空间站问题的研讨会在青岛召开。会上，有关载人航天各种技术方案的讨论表明，这次会议绝不是一次务虚会。随后成立的大型运载火箭及飞船系统专家组和空间站系统专家组，意味着中国的载人航天工程一开始就瞄准了世界先进水平。这也是这项未来工程的"规划师"之一——任新民的一贯作风。

1989年4月的一天，任新民伏案认真地阅读着一份厚厚的资料，那是《天地往返运输系统概念研究论证报告》。这份报告的意义可非同一般，中国航天的疆域将从无人状态转为有人状态。作为严谨务实的科学家，任新民在读这份报告时并没有什么特殊的情绪表露。多少年来，在很多重大的、让人精神振奋的时刻，任新民却是冷静从容的。也许在他看来，无论是用超前的科学预判，还是滞后的历史判断，这一切都是水到渠成的，并没有什么出乎科学的意料，甚至不会偏离若干年后历史的检验。

在任新民等人的努力下，载人航天的呼声越来越高，各种方案也纷纷出台。

1991年3月14日，航空航天部办公厅突然接到国务院秘书局的电话通知："国家有关领导人3月15日下午3时至5时约见任新民同志和了解飞船情况的同志并听取汇报。"

任新民知道，载人航天自从20世纪70年代由钱学森倡议，到80年代863计划论证，到现在已经过去20多年了，由于条件不成熟，这项工程一直未能上马。今天国家领导人亲自过问此事，意义非凡，可见国家要做最后决策了。他心中既激动又忐忑，由于此时专家们尚有不同意见，认识也不统一，自己该怎么汇报才有利于国家下决心立项呢?

任新民认真梳理了一下思路,关于是否搞载人航天,其实各路专家没有分歧,他们的分歧在于以何种技术途径实施。

这项争论由来已久,综合各方提出的5个载人航天方案,其中4个都围绕飞机,包括航天飞机、不带主动力的小型航天飞机等方案,只有一个是飞船方案。原因很简单,要"跟踪世界先进技术",航天飞机无疑是当时最先进的,而飞船则有点儿老套,是苏联20世纪60年代研究的"古董"了。

当时,关于两类方案的争论非常激烈。任新民也有一个思想

任新民(右二)认真听取各方意见

转变的过程，开始他也不想再搞国外三四十年前的东西，更想研究垂直起飞、水平着陆、可重复使用的航天飞机。他反复查阅美国、德国、英国设想的有关航天飞机的资料，随着论证的深入，他对自己的想法进行了反思：对于我国这样一个飞机设计和生产基础相当落后，连大飞机起落架都生产不了的国家，搞航天飞机的方案无异于扬短避长。因此，他最后支持的是载人飞船方案。这显示了一个科学工作者实事求是的工作作风和坦荡无私的胸怀。

回想自己的思想转变，任新民心中有了底气，在征求航空航天部领导的意见后，他胸有成竹地来到中南海向国家有关领

链接　航天飞机

航天飞机集火箭、卫星、飞机的优点于一身，能像火箭一样垂直起飞，能像卫星一样在太空轨道飞行，能像飞机一样滑行返回和水平着陆，大大扩展了人类在太空的活动规模和范围。

航天飞机可以把25～30吨有效载荷送入近地轨道，通常可乘坐6～8人，飞行时间最长可达1个月。它是世界上第一种实现部分重复使用的天地往返运输系统，具有飞船不可比拟的载人、运货能力。

然而，在亮眼的成绩背后，航天飞机也有缺点：其研制和发射费用远远超出飞船的预算，历史上曾有2架航天飞机因故障爆炸，14名航天员牺牲。2011年7月，航天飞机已全部退役。

导汇报。

任新民从为什么要发展载人航天技术说起，然后详细地介绍了载人航天的技术途径——载人飞船的方案设想。他还根据我国国情，讲述了我们要从研制载人飞船起步的理由，并阐述了技术、经济上的可行性。

> **链接　飞船逃逸系统**
>
> 飞船逃逸系统起作用的阶段是从火箭起飞前900秒到起飞后200秒，也就是飞行高度在0～110千米的范围。在此期间，一旦火箭或飞船发生故障，它可以拽着返回舱与火箭分离，并降落在安全地带，帮助飞船里的航天员脱离险境。

任新民信心十足地分析："我国已基本具备研制载人飞船及其运载火箭的技术基础和研制条件，比如，我们已经成功研制'长征二号E'火箭，突破了火箭的捆绑技术，在这一火箭的基础上，提高其质量与可靠性，就可以满足发射载人飞船的要求。再如，飞船的控制系统已有各类导弹和卫星控制技术做基础，飞船的返回技术已有返回式遥感卫星返回技术做基础，防热材料已有相关研究成果和产品，航天员的培训及生命保障技术已有20世纪70年代研制'曙光号'飞船时的基础和预研成果。"

任新民指着汇报图片上的飞船逃逸系统强调："我们需要新研制的项目，主要是火箭上升段的应急救生技术，这些我们在固体火箭发动机和空气动力学技术方面是有基础的，完全可以攻克飞船逃逸系统的技术难关。"他还实事求是地汇报："在

⬆ 逃逸塔与箭体对接

4 音频科普 传奇的航天飞机为什么退役了?

工程研制实践中,也会出现新的技术难题,必须付出艰苦的努力。但据目前的分析,还没有不可逾越的重大技术难关,我们会成功的。"

任新民的汇报和航空航天部领导的各种努力终于有了回报,载人飞船的工程论证迅速进入全面、紧张、有序的状态。

"我一生只干了一件事,研制了几枚火箭,放了几颗卫星而已。"任新民在很多场合这样平淡地说。

20 老骥伏枥

1992年1月8日,中央专委召开第五次会议,专门研究发展我国载人航天问题。会上,任新民代表航空航天部做了《关于我国载人飞船工程立项的建议》的报告。会议达成共识:"从政治、经济、科技、军事等诸多方面考虑,立即发展我国载人航天是必要的。我国发展载人航天,要从载人飞船起步。"

1992年2月1日,国防科工委和航空航天部正式成立以任新民为组长的载人飞船工程论证评审组。中央专委明确表示,提交论证报告和评审报告是批准载人飞船工程的必要条件。

这件事责任重大,难度不小,协调困难。评审组成员个个都称得上"武林高手",各人都有自己的见解和意见,有的还很难改变。评审会上,参会专家对某些分系统方案持不同意见,争论异常激烈,甚至有专家提出:请在评审意见中写明我个人的意见,我自己签名,一起上报中央专委。任新民十分清楚,国家投入那么多经费搞这么大的工程,连研制单位都拿不出统一的意

⬆ 任新民（前排右一）
认真听取各方意见

见，叫中央怎么批？！任新民当即宣布休会，次日再开会讨论。

休会期间，任新民立即找到几位专家商议，并利用晚上休息时间到意见较多且比较固执的专家那里走访，做耐心细致的沟通工作。次日，任新民在评审会上首先做了30分钟的发言，他说："对于有些问题我也是有不同意见的，完全一致的情况是不可能的，有不同意见是正常现象，但为了大局只能舍弃一些个人的意见。"他进一步说，"我国载人航天工程的立项取得今天的进展，确实来之不易，是我们大家团结奋斗、共同努力的结果，应

↑ 任新民的大家风范令人折服

该珍惜。中央最终能否同意正式立项，就取决于我们的技术经济可行性论证报告和评审报告做得如何。"他停顿了一会儿接着说，"我们大多数都是七八十岁的人了，今天做这件事的目的就是为后来者搭建一个施展才华的平台。如果载人航天工程能立项，这对中国航天今后的发展将产生重大而深远的影响。在今后30年或更长的时间里，我们航天人都会有英雄用武之地。如果因我们的论证工作和评审工作没做好、没做透，而影响工程的立项或拖延工作的进展，那我们就愧对中华民族，说得严重些，我们将是千古罪人。同志们啊，责任重大，使命光荣！"

随后他话锋一转，用了个比喻切入主题："我们要到天安门去，有好几条路可以走，经过公主坟、永定门、德胜门……东西南北方向都有路可以到达。但如果总是坐在那里争来吵去，或者走了一段又改变主意，回到原地接着争论，再另选路线，那永远也到不了天安门！我们搞技术工作，也是这个理儿。没有十全十美的方案，但总得选定利大于弊的那一个。"任新民推心置腹、苦口婆心的一席话，使大家深受感动，有的专家还流下了热泪。

任新民讲完后，大家心齐了、气顺了，很快统一了意见。载

▶ 任新民在酒泉卫星发射中心调研

人飞船工程评审组按时保质地向中央专委提交了论证报告和评审报告，为我国载人飞船工程得以批准立项和开展研制工作奠定了重要基础。

1992年9月21日，中共中央政治局第十三届常委会第195次扩大会议一致同意中央专委提出的《关于开展我国载人飞船工程研制的请示》，批准工程立项，并决定要像当年抓"两弹一星"工程一样，抓载人航天工程。

> **链接　载人航天三步走战略**
>
> 中国载人航天工程分三步走：第一步，研制可作为天地往返运输系统的多用途载人飞船；第二步，实现航天员出舱，研制空间实验室，实现载人飞船与空间实验室交会对接，实现空间实验室短期有人照料；第三步，研制并建立永久性空间站，解决较大规模、长期有人照料的空间站应用问题。

此时任新民已经是77岁的老人，按说他也该好好休息一下了。但老骥伏枥，霜重叶红，这位"老航天"仍一如既往地奔波于研究所、工厂和卫星发射中心，在他眷恋的航天园地里辛勤地耕耘着。他坚持参加各重大技术难题研讨会、各类评审会，倡导和坚持了两项对中国载人航天发展起到重要影响的建议。一是轨道舱的留轨利用。返回舱回到地面后，国外是将轨道舱废弃，任新民则建议把继续在轨道上运行的轨道舱作为一颗对地观测卫星，还可作为交会对接目标，能大大节约成本，提高经济效益。二是提出"建立永久性空间站"的建议。他和同事们进行了反复研究，形成了我国载人航天工程分三步走的设想。如今他亲手描绘的蓝图，已经变为现实。

⬆ 任新民在神舟飞船发射场留影

⬆ 任新民（前排右二）迎接"神舟五号"航天员乘员组返回北京

　　纵观我国载人航天工程论证、评审，直至工程立项的全过程以及后续的实施过程，任新民一直参与其中，劳苦功高。

21 初心不改

可以毫不夸张地说,中国运载火箭的历史是和任新民紧紧联系在一起的。从"长征一号"火箭到高轨道大力神"长征三号乙"火箭,再到将飞船送上太空的"长征二号F"火箭,任新民将他一生所有的心血都投入到中国航天事业。

任新民的身上有着耀眼的光环:他是钱学森点名调到国防部搞火箭的人,是"两弹一星"功勋奖章获得者,是中国科学院院士、国际宇航科学院院士,先后担任了卫星通信、气象卫星等6项大型航天工程的总设计师,创下了中

> **链接** "长征二号F"火箭
>
> "长征二号F"火箭是我国唯一按照载人的要求,以提高可靠性、确保安全性为目标研制的大型捆绑式运载火箭。火箭全长58.34米,是我国长征系列运载火箭中长度最长,可靠性和安全系数最高的火箭。该型号火箭自1992年开始研制,1999年11月首飞,至2021年10月,成功发射了13艘飞船和2个空间实验室,已成为中国长征系列运载火箭家族中的明星火箭。

⬆ 人们习惯称任新民为"总总师"

⬆ 6位航天系统的"两弹一星"功勋奖章获得者在人民大会堂外合影（左起：屠守锷、杨嘉墀、黄纬禄、任新民、王希季、孙家栋）

国航天史上的多项纪录，被誉为中国航天的"总总师"。但是，第一次见到他的人大多不敢相信，眼前的这位鼻梁上架着边框褪色的眼镜、皮肤晒得黝黑、脚蹬普通球鞋的朴实老人，就是任新民。

虽然任新民有着显赫的名声，但在中国航天人口中流传着的，却是他如同邻家老汉般接地气的低调故事。

1970年4月，我国第一颗人造卫星发射成功，任新民正在发射基地组织队伍撤收，突然接到北京的电话通知，请钱学森、任新民等人赶快返回北京,有"重要任务"。任新民返京后直接被安排住进一个招待所,他被告知"在招待所里待命,不准外出"。此时北京春意已浓,可他还身着在西北大漠时穿的冬装。招待所的服务员见他又黑又瘦、不修边幅、穿着怪异,而且整天走来走去,看上去心事重重,身边还总有一位年轻人跟着,便对他格外留意,以防他"乱说乱动"。后来任新民得知,所谓"重要任务"原来是让他们这些"放卫星"的功臣,在五一劳动节的夜晚登上天安门城楼接受国家领导人的接见。经过批准,任新民与夫人虞霜琴通了电话,夫人给他送来了春装和换洗的衣物。收拾一番后,他才容光焕发地走上了天安门。

◂ 任新民就像邻家老汉那样谦和

任新民有着一颗年轻的心。在太原卫星发射中心出差时,年轻队员喜欢在周末不忙时集体去爬山。一次,闲不住的任新民也主动要求加入。于是,年近60岁的任新民和一群20多岁的年轻人开始了一场徒步登山之旅。在登山的前半段,年轻人凭着一股兴奋劲儿,一路向前冲。远远落在后面的任新民不慌不忙,一步一个脚印。年轻人在半山腰休息时,顺便等任新民,每次他赶上来后,

⬆ 走路飞快的任老总

大家再一起走。经过了几次休整,大家慢慢没了之前的那股冲劲儿,越走越慢,而任新民却还保持着原来的速度,不知什么时候,已把年轻人甩开了一大段距离。回来的路上,任新民笑着说:"一座座小山就像科研工作中的一个个难题,占领了小山,还有更高的山需要我们去征服,我们就是在不断攀登的过程中实现超越……"

还有一年在西昌卫星发射中心，卫星临近发射前，场区指挥部为了加强现场管理，让每位参试人员都在胸前佩戴上不同工作区的出入证，整个发射中心只有3个人佩戴了"通用"出入证：一位是国防科工委参谋长张敏，另一位是发射中心司令员王世诚，还有一位就是任新民。任新民和往常一样来到发射场区的大门口，进门前是一段上坡路，同行人员在海拔1800米的发射场上有些赶不上他健步如飞的速度，都落后了一段距离。发射场区的警卫战士见到任新民头戴普通蓝布帽，脚穿解放球鞋，怀疑他是附近

⬇ 任新民没有一点儿大科学家的派头

老乡假冒的，便上前盘问。后面赶上来的秘书连忙上前解释，警卫战士听后愕然，脸都涨红了，马上回以军礼，暗暗自责：真是有眼不识泰山，万万没有想到这就是闻名遐迩的工程总设计师啊！任新民对年轻的战士笑了笑，点点头，示意他们做得对，可始终没说一句话。

但是，任新民并不是在所有的场合都那么谦和大度。

有一次，为了一台设备优选上箭的事，各方争得不可开交，任新民在现场综合考虑了方方面面的意见，最后拍板。西昌卫星发射中心的一位副参谋长有异议，在下边讲了一句："任老总定的也不一定算数。"有关人员把这位副参谋长的意思报告给了任新民，他一听就火了，吩咐："打电话找他，问他我定的不算数，谁定的算数？"秘书委婉地把任新民的意思转告给了那位副参谋长。当晚，副参谋长跑到任老总的房间"负荆请罪"，做了自我批评，一再表示："任老总定的，我们坚决执行。"

谈着谈着，任新民得知这位副参谋长是哈军工1954年2期炮兵工程系的毕业生，当时任新民正担任炮兵工程系的副主任，还给他所在的班级讲过课。任新民的火气逐渐消了，最后以宽慰并带几分规劝的口气告诫说："我不会情况不明决心大，更不会脑袋一热定问题，我定问题也是听取各方面的意见，经过综合比较和深思熟虑才定的。这么大的工程，总得有人拍板。我定的事情都可以记录在案，错了我负责。有意见可以找我谈，但我没有更改决定前就得按照决定执行。否则，还要我这个工程总师干什么？"

⬆ 任新民（右二）检查工作时毫不含糊

还有一次，任新民在太原卫星发射中心执行发射气象卫星的任务。卫星入轨后，有一架执行任务的飞机要将有关人员从太原卫星发射中心送往西安卫星测控中心，继续执行卫星的测控任务。当时有位领导执意要用这架飞机接送前来参观的客人，其中包括国家综合部门的领导。任新民得知后，直言不讳地说："这架飞机是用来执行任务的，接送客人固然很重要，但你应提前妥善安排。我不是吓唬人，如果因为技术人员未按时赶到西安，卫星测控出现的问题不能及时处理和解决，这个责任谁来负？"最后经协商，还是根据任新民的意见，先送试验队有关人员去了西安。

▶ 一是一，二是二，任新民讲话从来直来直去

　　任新民对待航天工作一丝不苟，对待其他事情有时却会很随意。有一次他应邀参加国庆节的国宴，夫人得知此事后，为他准备了一套西装、一条领带和一双皮鞋，还嘱咐他下班回来换好衣服再去赴宴。可是不料当天他开会到很晚，快到赴宴时间才回家，他放下公文包，没顾上换衣服，坐上车就去了人民大会堂。国宴结束后他回到家里，夫人发现他穿的那条裤子竟是破的，屁股上还打了补丁，就责怪他："你看看，为你准备的西装你不穿，却穿着打补丁的裤子去参加国宴，多不好呀！"他却说："参加宴会时大家都坐着，谁会看我的屁股？"

　　"我一生只干了一件事，研制了几枚火箭，放了几颗卫星而已。"老人在很多场合这样说，平淡的语气令人觉得好像他说的不过是装配零件、维修道路一样的平常活儿，但他用毕生心血修建的是一条中国人的"通天路"啊！

22　永远在一线

在中国航天事业的每一个里程碑和每一本功勋簿上，几乎都能找到任新民的身影，这位总是脚穿球鞋的老人，在航天的科研一线几乎从不缺席。没有人能够准确说出，任新民是什么时候离开科研一线的。

任新民67岁时不再担任航天工业部副部长，没有了行政职务。但是古稀之年，他为查找故障爬上90米高的发射塔架；快80岁的时候，他孜孜不倦地撰写载人航天的汇报材料；快90岁的时候，"神舟一号"飞船到"神舟五号"飞船的每一次发射，他都在现场。2003年10月15日，88岁的任新民亲自到酒泉卫星发射中心护送中国首位航天员杨利伟遨游太空；90多岁时，他还在参加国家航天局的学术会议；直到95岁高龄时，只要人在北京，他依然参加发动机研究所氢氧发动机的试车。载人航天工程上马后，老人时刻把"凡事预则立"挂在嘴边，嘱咐年轻人："不能等到要用什么了，再去研究这个技术，肯定来不及，必须未雨绸缪。"

⬆ 在研究长远发展的大事面前，任新民从不缺席

⬆ 下基层是任新民（中）的"家常便饭"

任新民家里有一本厚厚的英汉词典，一直到 90 多岁时，他每天仍早早起床，一边抱着词典，一边阅读最新的国外文献。他常说："搞工程技术工作的，即使是再有造诣的专家，不深入实际就会退化，会'耳聋眼花'，3 年不接触实际，就基本上没有发言权了。""长征五号"运载火箭总设计师王珏好几次在清晨 6 点接到任新民的电话，被问及有没有看到国外的某项研究。在任老总心中，永远没有退休的概念。

任新民很重视青年一代航天人和国外同行的交流，鼓励他们多出去看看。但他也会严肃地批评一味推崇西方技术的人。一次,一位专家出国交流时没有介绍中国自主研发的技术,回国后,60多岁的他在很多人面前挨了任新民的批评:"难道'高鼻梁'就比我们中国人聪明?"

晚年的任新民倔劲儿不改。97岁那年他生了一场大病,病愈后医生叮嘱他每天走路100步。他在家人的搀扶下,艰难地迈着步子,一步又一步,他边走边数。家人告诉他:"您走得慢,数得快,还不到100步呢。"他听后说:"好,那就再走100步。"98

⬇ 任新民(右)经常和同行交流信息

→ 晚年任新民依旧保持阳光心态

岁时,他坚持每天两次到户外活动,坐一会儿轮椅,再慢走一会儿。有时遇到大风天,家人劝他别下楼了,他却执拗地坚持去户外活动,他说:"大风大浪我都经过了,还怕这点儿小风?"任新民就这样以超人的毅力与病魔做抗争。

直到去世前几年,他的手臂越来越细,身体越来越瘦,走路也越来越慢了,但是他心中还挂念着"长征五号"运载火箭。每当有人去看望他,他总会问:"'长征五号'什么时候发射啊?"

2016年11月3日,我国新一代大型运载火箭"长征五号"在中国文昌航天发射场首飞成功,由此成为中国运载能力最大的火箭。101岁的任新民连饭都没吃,守在电视机前观看。第二天,任新民在航天中心医院的病榻旁提笔写道:"祝贺'长征五号'首

> **链接** "长征五号"运载火箭
>
> "长征五号"运载火箭是中国新一代运载火箭中芯级直径为 5 米的火箭系列，又称"胖五"。"长征五号"运载火箭的地球同步转移轨道和近地轨道的运载能力分别达到 14 吨和 25 吨。中国天宫空间站、"嫦娥五号"月面采样探测器和火星探测器"天问一号"都是使用该火箭发射的。

飞成功。"2017 年 1 月 4 日，他再次提笔，写下"长五火箭永保成功"。

他生命里的最后几年都是在航天中心医院 11 层的综合病房里

⬇ 百岁任新民还挂念着"长征五号"运载火箭

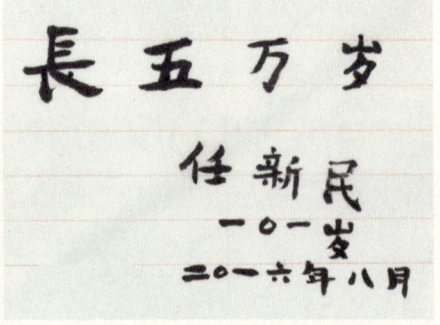
⬇ 101 岁的任新民祝福"长征五号"运载火箭

 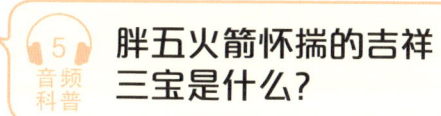

度过,尽管从外观看,这所医院就像两座火箭发射塔,但"总总师"已经再也无法爬上真正的塔架了。

作为老一代航天人中唯一看到"长征五号"火箭升空的人,2017年2月12日,任新民与世长辞,他的生命一直延续到102岁。

⬆ 2017年2月12日,任新民与世长辞

链接索引

『大学』	火箭	Π—1导弹	导弹的反设计	火箭发动机	液氧	比冲	『东风四号』导弹	第一宇宙速度
006	031	045	047	057	058	068	085	090

氢氧发动机	发射窗口	『东方红二号』通信卫星	航天飞机	飞船逃逸系统	载人航天三步走战略	『长征二号F』火箭	『长征五号』运载火箭
097	109	114	120	121	130	132	144

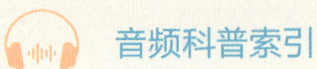 音频科普索引

「东方红一号」卫星为什么会唱歌？ 090

「长征五号」火箭的威力为什么这么大？ 098

为什么要在天上建立驿站？ 114

传奇的航天飞机为什么退役了？ 123

胖五火箭怀揣的吉祥三宝是什么？ 145